BuddhAll

All is Buddha.

BuddhAll.

BuddhAll

西藏密宗百問

修訂版

談錫永 著

真偽密宗的分別
活佛的由來
西藏密宗法器的涵義

目　錄

第二章　藏密修持

第三章　活佛的由來

附錄

修訂版序

本書初版於1991年6月，當時的書名為《王亭之談佛談密》，在香港出版。及至1996年，筆者將全部作品修訂、改編，即成《西藏密宗百問》一書，於1998年5月，由全佛文化出版。現在已時隔日久，有些地方覺得須要補訂，蒙全佛允許，因此酌加修訂，即成本書。

本書的作意，在於向那些對佛學認識不深，對密宗一無所知的讀者，用通俗的說法來介紹密宗。所謂密宗，即相對於顯宗而言。顯宗重視經教，但卻缺乏觀修的儀軌，密宗則不然，他們的理論根據，除了經教之外，還有「續部」的傳授，此外，還有許多觀修儀軌，便利學人從師修學。

密宗初入漢土在於唐代，其時有「開元三大士」由印度來漢地傳法，所傳的是下三部密，因此便稱為「唐密」，後來天台宗依自宗「一心三觀」的理論，接受下三部密的修法，由是又成為「台密」一支。這些密法逐漸傳入日本，日本即將之發展成為「東密」。

除了下三部密，還有無上瑜伽密，在唐代末年即已傳入西域，期後又由西域傳入中原，於西夏時期（1038-1227）已非常鼎盛，是為漢傳的密宗。不過無上瑜伽密於唐代傳入西藏，則得到更大的發展，西夏的無上瑜伽，有絕大部份即由西藏傳入，因此可以說，中原的無上瑜伽，實由西藏傳至西夏，然後傳入中原。南宋、元、明、清四代逐漸成為皇室的專利品。

無上瑜伽在漢土得到普及，可以說是由民國初年開始，許多上師來漢土傳法，以諾那、貢噶兩位上師的傳承最為鼎盛，至今仍有法脈。

建國以後，至今為止，西藏上師來漢地傳法愈來愈多，目前真可以說是百花齊放的局面。藉此機會，其實可以深入研究漢傳佛學與藏傳佛學的異同，例如漢傳禪宗與藏傳大圓滿、道果、大手印的異同，與及彼此之間的轇轕。所以在這時期，學佛的人若能多少理解一點密宗，亦不為無益的事。本書的作意，也可以說與此有關。

除上述外，本書亦有辨偽存真之意。因為無上瑜伽密愈傳愈濫，甚至有作偽的情形出現。例如在廣州，即有一個自稱甯波車（仁波且）的人開大圓滿灌頂道場，當時他不知道有人錄音，及他走後，受他灌頂的人將錄音請人翻譯，說來你也不信，原來他灌頂時的唱讚，其實是念西藏小學教科書，這種情形實在令人痛心。學人倘若對無上瑜伽密稍為有點知識，則當聽他「說法」時，便容易分別真偽。

此外，由於本書僅屬通俗讀物，所以並未涉及較深的見修，讀者以此為階梯，若有緣得善知識灌頂，可以參考筆者編著的《甯瑪派叢書》見部及修部諸書，同時再以《大中觀系列》為進修，那便可以補充本書之不足。

談錫永

二〇一二年六月

第一章　密宗精髓

第一章　密宗精髓

關於密宗

有人向筆者一口氣提出十七個問題，所問皆關於西藏密宗的事。藏密的教理行果雖高，但真實修行密宗則確實不易，加上目前的情形複雜，所以除非機緣湊合，否則學密宗不如學淨土，反而安穩，而且不易為人欺蒙。

但問者卻云：「以上的問題，談老可能覺得膚淺，但這些問題，卻確是一些初學密宗者（或者可以說，是初學假密宗者）心中的疑問，故務希公開作答，對許多香港人來說，便是功德無量也矣。」

這樣一說，是用大帽子來壓筆者矣，如果不答，便是犯戒。可是筆者詳視所提各問，卻愈看愈心驚膽跳，因為其中有許多問題，十分之敏感，筆者即使清心直說，對事不對人，亦必然會給人認為是影射式攻擊。因此各位讀者，對筆者以下所答，僅作為參考可也。

尤其是已經皈依密宗的弟子，不妨見仁見智，千祈不可拿着筆者的說話，來質問這，質問那，一切只宜自行思考，聽到有不同的意見，只宜自己比較，如果拿着筆者的說話來駁斥人，那便是替筆者撩是鬥非，確非談密宗的本意。

其人所問，雖只十七條問題，但既然要答，則不能限於此十七條問題之內，蓋若不補充若干問題，有時便很難答得全面。

以上所言，屬於開宗明義，由下文起，轉入正題。

密宗跟佛教有何分別？

甚麼是密宗？它跟佛教有何分別？

提出這問題的人，是用特殊眼光來看密宗也矣。然而亦正因為這樣，這問題才值得重視。不妨想一想，為甚麼沒有人問：甚麼是淨土宗，它跟佛教有何分別？人們不這樣問，意識上是將佛教與淨土宗等同，可是卻認為佛教跟密宗總多少有所分別。

可以說，這只是錯覺。佛教有許多宗派，各宗並無特殊的地位，因為各宗所弘的都是佛法。倘若將密宗特殊化，則絕非正見。無論是褒是貶，皆屬如此。

造成密宗與眾不同的錯覺，恐怕主要是有人故意將之神秘化。西藏與漢土有不同的文化背景，有不同的生活風俗，因此表面上看起來，喇嘛便不同和尚，對於和尚，他們比較熟悉，熟悉便覺得平凡，對於喇嘛，由於不了解便時時會有神秘的感覺，由此感覺，便對整個密宗有所誤解矣。

如今是狂捧密宗的時代，因此別有用心的人，便可以利用人們的錯覺，故意宣揚神秘的一面，甚至有意製造神秘，是故許多人便以為密宗跟佛教有所分別矣。

筆者可以簡單回答：密宗即是佛教，其所弘者亦是佛法，只不過佛教有許多宗派，每個宗派都有自己的一套理論，作為修持的根據，密宗亦不外如是而已。

所以，如果問：密宗跟佛教的其他宗派有何分別？這問題便合理，問他跟佛教有何分別，這問題便不合理之極。

筆者很希望有意學密宗的人，能夠清楚了解這點。倘如自以為所學的與眾不同，那已非正見，若將密宗更凌駕於佛之上，那就簡直是邪見。

可是對於密宗的特點，卻亦不妨一談。

甚麼是密宗？

佛教的弘揚，大致可分為四期。

第一期弘揚小乘佛教；第二期弘揚大乘的中觀（所謂「空宗」）；第三期弘揚大乘的「瑜伽行」（所謂「有宗」）；第四期弘揚大乘的密宗。

故與小乘相對而言，密宗屬於大乘；與空有二宗相對而言，密宗屬於「密」，而空有二宗則屬於「顯」。

印度的密宗興起，恰值婆羅門復興，婆羅門商羯羅尊者革新舊教，成為今日的印度教。

當時的印度教給佛教很大的壓力，顯宗的經師漸漸不支，印度教有取代佛教的趨勢，只有密宗仍然可以維持局面，然而卻亦不能不作一些適應。

密宗的適應，是承認印度教部份神祇，認為他們或為天王，或為護法，在祭禮儀式中加上一些佛教的內涵，藉此吸收信徒。如今有些顯宗大德，頗批評密宗不純，即是基於這歷史事實。關於這方面的問題，稍後將加以討論，但要認識密宗，卻必須認識這歷史背景。

在佛教各宗中，密宗比較上注重儀式，尤多祭禮儀注，有些儀注，甚至跟印度教相同，例如印度教重視火供，密宗亦有火供，原因即在於當時的適應。

因此，一切儀注，都可以說並非密宗的精華，精華其實在於儀注內涵的佛學意義。如果密宗信徒在修習一個儀注，可是卻不知其法的意義，那便只是在做事相工夫。若興趣只在事相，那便的確是「不純」的佛教徒矣。

密宗的儀注，實在應用「瑜伽行」以及「中觀」的理論。因此要學密宗，至少要粗通唯識及中觀的大意。所以我們可以說，密宗是重視藉儀注來修行的一派，但其儀注，實內涵甚深佛法。

密宗的層次

大致上來說，密宗可以分為「下三部密」與「無上瑜伽密」兩部，下三部密是指「事密」、「行密」、「瑜伽密」而言。無上瑜伽密亦分「生起次第」、「圓滿次第」及「大圓滿」三個層次。

下三部密於唐代時，由印度傳入我國，再傳至日本，即成為今日的「東密」；全部密法由印度傳入西藏，成為「藏密」。藏密重視無上瑜伽密，但未嘗不識下三部密法，宗喀巴大士著的《密宗道次第廣論》，即用很大篇幅談下三部密，便是證據。唯藏密行人視下三部非究竟法，所以才特重無上瑜伽密。

層次愈低的密法，可以說儀注愈繁，而佛法的內涵亦不究竟，因此如果將「事密」跟「大圓滿」相比，可以說是截然不同的兩回事。

修「事密」，光是壇場的佈置已經極盡豪華，幡幢遍樹，七寶紛呈。而修「大圓滿」的人，卻可以獨處雪山，連佛像都不必安奉。由此比較，即可知統稱為「密宗」，其實層次分別很大。

初學密宗的人，往往喜歡熱鬧，又講究精緻，佛珠要用水晶、瑪瑙，佛像要大要精，鏤金點彩，殊不知此皆事相而已。學習密宗，太過着重事相，有時便會忽視佛法的內涵，此固不可不加以警惕者也。

從法的意義來說，下三部密所修，是修「般若」為主，但他卻吸收了婆羅門教以及西藏原始宗教（黑教）許多儀注，故習下三部密者，實應留意及此。

至於無上瑜伽密，初階的儀軌，以「唯識」為內涵。

及其究竟，密宗儀軌則以「中觀」為內涵。若不知佛法而學密宗，很容易淪為外道。

如果照層次來說，凡吸收民俗信仰的神祇，轉為佛教層次者，大抵多於「下三部密」攝之。筆者曾研究過「神祇轉化」的問題，「下三部」中，有許多「明王」與「明妃」，其實都是希臘、印度的神祇。

然而，「無上瑜伽密」中亦有相同的情況，因為此宗主要弘傳於西藏。因此，其中不少「空行母」與「護法」，其實是藏族原始信仰的神祇。最特別的情況是關雲長。關公最受四川人崇拜，因為四川即三國時代的西蜀，而四川與西康接壤，影響所及，西康的密宗便將關公也吸收為「護法」了。當年屈文六上師即曾傳一「關雲長護法」的修持儀軌與筆者，且有「護法」的咒語。由此可見神祇吸收的情況一斑。

如果以祈求世間法成就為目的，筆者覺得，「東密」更能適應這類要求。民俗信仰轉化的神祇愈多，世間法就愈多。真可謂無論求財、求藥、求子、求事業，以至驅魔、捉鬼等等，一一皆有與其相應的本尊。不過，近年的趨勢卻是「藏密」比「東密」更流行，因為許多「藏密」道場拿出來的，亦多是這一套，尤其是「黃財神法」，傳到極之流行，這位財神，恰恰就是印度教神祇的轉化。

一味靠世間法來號召信徒，並非佛門的正軌，而密宗的隱憂即在於此，佛教的隱憂亦在於此。

密是不是邪？

武俠小說有一個傳統，邪派高手，不是西康喇嘛便是西藏法王，這個傳統，連金庸都未能免俗，考其原因，大概以康藏西域是番邦之國，與中原對立，中原的大俠既正，康藏西域便不得不邪。

武俠小說影響人心的力量，厲害過佛經，因此世人往往將密宗看成是邪教，甚至覺得其所以為「密」也，正因為「邪」。以至連藏密的修心法門「大手印」，都給人當成是一項武功，一掌印下去，可以震斷敵人的心脈。

筆者於三十年前學密宗，當時的情形即便如是，曾有學佛的長輩責怪：「好的不學，去學邪教。」端的是百辭莫辯。

卻不圖今日學密宗的人卻舉世如狂，然而偏偏就有真的邪門之假密宗出現，筆者只能歎一口氣，謂為氣數。所以時至今日，大概亦不必辯解「邪」與「密」的關係也矣。

來問者問云：「密宗為甚麼稱為密，它是否因為邪，所以才密？」這已經是一個過時的問題。如果視密為邪，便不應該在港台兩地，一時興起真偽不分的學密熱潮。然而問者依然問這個問題，大概仍受武俠小說影響，在潛意識對此委決不下也。

故筆者只須簡單答覆，密宗之所以為密，有它修持上的理由。修持的證量，唯行人自知，修持的反應，亦因個人的心理生理而異，是故對於修持的境界，絕對不宜公開，這便是「密」的最大原因。若依本宗論師所言，則有「十六種密」，於此不便詳說，恐怕愈說得多愈易生誤解。

至於密宗的修法，亦確有世俗視為神秘之處，有些法器，用人骨來造，亦易受人誤解，然而這實在有宗教上的理由，絕非邪道。關於這些，容後續談。

關於西藏黑教

來問者問及一個很有趣的問題：「黑教是不是密宗？」

這個問題，不少人問過筆者，因此先得要談黑教。

黑教原稱「苯巴」（Bon-pa），西康一帶的漢人，則稱之為「崩崩教」。它是西藏的原始宗教，崇拜鬼神與自然現象，無異於世界各民族的原始崇拜，與佛教則大異其趣。

相傳黑教的始創人是本・馨饒，但據西德藏學家的研究，相信馨饒只是改革苯巴的人物，而該教的信仰則源遠流長。

該教的主神為滾杜桑布，是一尊騎孔雀的神像，苯巴奉之為「法身」，稱為「本古」，乃至高無上的造物主，且主眾生的生死。佛教不立至高無上的神祇，因此苯巴與佛教的基本宗旨亦大不相同。

在苯巴的經論中，有一段很有趣的記載，是孔子與該教一聖者的對答，大致上同於漢族的傳說，孔子被項橐問難，孔子竟給問倒。由此可知，苯巴在傳播過程中，大概亦受川康一帶漢文化的影響。

筆者幼年曾習四川的道家，師長輩即云：藏密與黑教，有些修法與本宗道法大同小異，尤其是生起丹田火的修法，三者很難分別。筆者後來修藏密，試學「拙火定」，證實了這一點，因此相信黑教亦修拙火。至於黑教的「黑水續」，在墳場屍林修煉，應該亦同道家西派的「地仙功」，唯筆者未修過此法，因此只能猜想。

當佛法由印度傳入西藏後，苯巴大受打擊，但他們亦據佛教經論，改寫成三經五論，吸收了佛教的一些理論，由是便成為「黑教」。如今西藏的佛教，亦承認他們是不純的密宗，因為他們始終保持着原始鬼神的信仰，佛教認為此非解脫道。

黑教的九乘次第

黑教有「九乘次第」，密宗甯瑪派（紅教）亦有「九乘次第」，有些人便認為紅教的九乘是源自黑教。筆者讀了兩三本關於黑教的外文著作，始知二者根本是兩回事。

如今許多人侈談黑教，然而恐怕連自命為黑教宗師的人，亦未必知黑教的九乘次第。茲據外人的研究，轉販於此，由其內容，便知黑教所重視的是甚麼一回事。

第一乘叫「皮哇乘」，相傳為兩位空行所傳，包括三百六十種祈禱法與八萬四千種觀察法。

第二乘叫「南乘」，乃護法所傳，包括四種靜坐法、四十二種出血法、八種祈禱法。修此乘的目的，在於人神溝通，祈求豐年以及禳病，而出血法則不禁殺生。

第三乘叫「呼盧乘」，乃苯巴論師所傳，包括六大方便法與十三奇異法。修此乘的目的仍在於祈福禳禍，亦包括踏火之類幻術。

第四乘叫「世間乘」，亦為苯巴聖者所傳，包括三百六十種喪儀、四種葬儀、八十一種降魔鬼術，此乘的建立，主要為喪病而設。

第五乘叫「行善乘」，傳為黑教大神全知神異金剛所傳，修法以替眾生求解脫為主，故稱為「行善」，但修法時卻須殺一百零八條生命，是為將他們「解脫」，因此殺生亦是善行。

第六乘叫「隱士乘」，為潛居山林修行者所修的教法，有十種止息法，包括辟穀術。

第七乘叫「白乘」，所傳者即為佛教密宗的一些儀軌，因此與黑教教法相對而稱為「白」。

第八乘叫「義乘」，傳四十八種靜坐法、六十種禁忌、四種內視法，為黑教徒修靜所習。

第九乘叫「圓滿乘」，為黑教最高心法，主張屏棄一切邏輯，歸於自然，略同藏密的「無上瑜伽」。

黑教是不是「密宗」？

照黑教徒的說法，釋迦牟尼只是他們教主馨饒的轉世，因此，苯巴的教法比佛教為高。而正因這個緣故，所以黑教徒亦可修習密法，蓋密法只是苯巴教法的一部份而已。

這種說法，當然是密宗在西藏盛行之後的事。一如印度教徒，說釋迦是大梵天王的第七世身，藉此吸收佛教徒信仰他們的宗教。

前述黑教第七乘——「白乘」，即全部為密宗儀軌的教導，共分一十八部，此即可視為是苯巴對佛教的吸收。照他們的說法，此為「密神」所傳。「密神」的形相，亦相當於藏密的普賢王如來。

黑教不但吸收密法，亦吸收佛教經論，文獻曾有記載，苯巴論師桑嘉蔣錯曾將佛經改寫為苯巴經典，藏王知道之後，曾頒布法令，有敢擅改佛經者處死。然而苯巴論師卻依然將佛教經論一一改寫，埋藏地下，後來即作為「伏藏」給人取出。

黑教諸如此類的作為，當然是為了適應環境，不過平心而論，當日藏密傳播初期，也是為了適應環境，亦的確吸收了苯巴的一些教法，如甯瑪派所傳的「差遣非人」，顯然含有黑教的法術，甯瑪派將之吸收，加上一些佛教內涵（如令

「非人」皈依等），當日傳播，亦當然可因此吸收一些黑教徒轉信佛教。

因此，如果以黑教徒亦修密法這一點來說，當然可以將之視為密宗的一派，但如果將該教教義作為整體觀察，密法在他們來說，只不過是九乘的一乘，是故亦不宜將黑教與佛教密宗完全等同。

假如因為甯瑪派教法中亦有苯巴的成份，便視黑教為密宗，理由亦站不住腳，因為這些成份到底甚輕，而且密宗亦吸收婆羅門教法，我們卻不能將印度教亦視為密宗也。

真偽密宗的分別

今日傳播的密宗，有真有假，如何可以分辨它們的真偽？

分辨的方法其實很簡單，密宗必有師承，如果是一位正派上師，他不必信徒詢問，自己就會說出自己的師承來歷。

其實不獨密宗如是，一切術數與宗教皆如是，倘有人說，自己是得「異人」傳授，而此「異人」卻又是不想世人知其名字的「世外高人」，那麼，照筆者的看法，恐怕其中便必然有點問題。

「異人傳授」、「高人指點」、「偶得秘笈」，諸如此類說法，真的信不信由你，不過筆者卻一定不信。

試問，作為師父的「異人」與「高人」既然不想揚名，甚至不肯以其道問世，何以作為徒弟的人，卻可以大出風頭，招搖過市也。

還有更莫名其妙的，則是，「夢中傳法」，這倒是死無對證的事，然而雖無對證，我們亦不妨一笑置之可也。

學密宗，於修習過程中，時時要靠上師指撥，然後才能不入歧路，試問，一味靠發夢，要發多少個夢才能學成一法？

要讀一本密宗的經典，花一年十載的時間絕不多，若無人解，字字有如天書，試問，又要不要每晚發夢，然後始通一經一論，年年晚晚發夢，是真可謂發夢傳承也矣。

因此，筆者倒不想在真偽問題上糾纏，只想勸有意學密宗的讀者，與其信仰一個得「異人傳授」或「夢中傳授」的上師，倒不如穩當一點，信仰一位有師承來歷的上師，至少靠得住。

觀察密宗上師之道

有一位洋教授，乃達賴喇嘛弟子，來夷島講密宗，全部內容，幾乎即針對分辨真偽而言，足見假密宗在美國已成勢力，連達賴喇嘛的弟子都加以重視。

此洋教授之言，筆者試憶述如下，或有助於港台對密宗感興趣的人士。

首先，一位真正的密宗上師，絕不會炫耀神通，他不會擺出個「他心通」的姿態，講你心中的疑難，或猜你最近發生些甚麼事。

其次，一位真正的密宗上師，絕不會答應，保佑自己的信徒得財、得子、得職業、子女孝順、解散糾紛等等。他只指導信徒如何實修，如何走向解脫之道。

第三，一位真正的密宗上師，絕不會四出為人驅邪捉鬼，亦不會教人驅邪捉鬼。因為這些活動，根本與佛法的主旨無關，信徒如果只對這類「靈異」之事感到興趣，實在已誤入歧途，作為上師，匡正之尚唯恐不及，更無論為之添油添醋也矣。

第四，真正的密宗，絕無捷徑可走，必須一步步修習，如果有人說，他可以使信徒速成，立即就得甚麼「證量」，那只可能是催眠術，或者是令人產生一種心理幻象，絕對不是正當密宗之所為。

第五，密宗雖有「雙身法」，但真正的密宗上師，卻絕不會挑逗女弟子跟自己去修，如果其行為如是，必假無疑。

第六，密宗的壇場雖然莊嚴，但卻絕不是擺排場，如果有人故作莫測高深之狀，而且排場十足，那麼，至少要對其人作進一步的觀察，不必急於皈依。

第七，真正的密宗上師，不會畫稀奇古怪的符，且謂其符可以改變風水。

以上的憶述，亦可供讀者參考。

用三法印分別真偽

其實對任何佛教宗派，要抉擇其為真為偽，最好的辦法，是用如來「三法印」來印證。

「三法印」是諸行無常，諸法無我，寂靜涅槃。

釋迦說「諸行無常」，因此假如有人宣揚自己的宗教，可以保持「常」的狀態 —— 例如長生不老、財富永恆之類，那麼，這種宗教，一定不是佛教，無論打着甚麼旗號都不是。

所以「養鬼」的宗派，亦一定是偽佛教。「鬼」只是等候輪廻的一種過渡生命形式，「養」之便是令其保持常態也矣，非佛教義。

釋迦說「**諸法無我**」，因此凡主張有常我的宗派，亦必非佛教。

基督教主張「永生」，非佛教義，不必多說，有些打着佛教旗號的人，一味強調「靈異」，其實亦外道所為，因為「靈異」的對象即是神鬼，叫信徒修神鬼之道，信徒愈修就愈堅持着一個自我不放，是亦大違釋迦法印也。

釋迦說「**寂靜涅槃**」，是指「正定」而言，佛家的入定，以涅槃為目的，而且寂靜，所以凡一切有為法的定，無論屬於道家抑或婆羅門，皆非佛家的「正定」。

如果有人說自己是佛教，可是卻教信徒結古古怪怪的定印，又有種種古怪目的的靜坐方法，則此宗派亦必為偽佛教無疑。

因此一個正宗的佛教宗派，絕對不會標榜降魔捉鬼，亦不會標榜令人可得妻財子祿，他只是老老實實教信徒知道，「自我」不可執，世間萬法皆無常，而輪廻則在苦海，因此便要力求解脫，不在輪廻苦海浮沈。

在目前佛教混亂的形勢下，真偽難分，修淨土其實反而是一條最安全的路，一心念佛，不必理許多花樣，便決然不會誤入歧途。如果喜歡學密宗，花樣愈多而不合三法印者，必假。

密宗「本尊」是不是神？

密宗有許多「本尊」，這些本尊，是否即是呂祖、黃大仙之類的神？

這個問題，問得非常之好，相信許多學密宗的人，心中都會有這個疑問。

密宗的確似「滿天神佛」，有佛、有金剛、有菩薩、有護法、有空行母，位位可以成為本尊，數量之多，可謂多如牛毛，儼然為「多神教」也矣。

然而實際上則不然，密宗叫這種修持為「借幻修真」，一切諸佛菩薩空行護法，其實只歸於一心，一心開展，即為萬象，故有許多不同的本尊，但萬象亦能攝於一心，所以許多本尊，無非只是自己的心識。

因此可以這樣說，一切修法，其實只圍繞一個目的，將自己的心識加以淨化。

為甚麼要建立許許多多金剛、諸佛之類呢？那只是因為信徒的根器各各不同，他們的心識亦各有特點，所以便要用不同的本尊來加以攝引。

有人修觀音法相應，有人修文殊法相應，有人修藥師法相應 ...... 各各相應不同，是故本尊亦不同。並不是說要修齊一切密宗儀軌，然後始能成就者也。

故亦可作此譬喻，密宗建立許多本尊，有如藥房有各種方劑，適合甚麼方劑，視信徒各別而定，並不須將全部方劑都服用，才能治好自己的病，甚至相反，若寒熱並服之時，其人恐怕還會一命嗚呼。

因此對待密宗的本尊，千祈不可將之當作神靈來拜，必須依「儀軌」修習，然後才能因修習而心識得清淨。

倘若像拜神一般來拜本尊，那便是迷信，便是替自己添多一重障礙。

凡學密宗，必學「唯識」，便是這個道理，否則只是拜神公拜神婆耳。

「唯識」建立「種子」之說，一切因果業報皆由「種子」受熏習起現行而來，所以我們也可用善業來熏習種子，使善報生起。甚至我們可以淨化「種子」，由是得到解脫。

密宗的一切修持，其實都是圍繞着這個目的。密宗建立許多「本尊」，本尊可分為金剛、佛、菩薩、護法、空行母等等，如果不明白目的，那便會因此陷入滿天神佛的迷陣。

現在傳播密宗的人，不建基於理論之上，只一味強調「本尊」的靈驗，如何有求必應，那就是導人迷信，而且甚至可以說，是有意佈迷陣來蠱惑信徒。

一萬個熱心學密宗的人，卻恐怕沒有十個人肯去學「唯識」。為甚麼呢？因為教他們密宗的所謂「上師」，本身恐怕亦不知「唯識」是甚麼東西。他們甚至不知道密宗的儀軌，處處與「唯識」理論關合。是則作為弟子的人，根本不是學佛，只是去拜神而已。情形如此，真是佛教傳播的悲劇。

關於偶像崇拜問題

佛教供奉各種神佛，密宗的神佛尤其恐怖，那是不是多神教呢？是不是偶像崇拜呢？

關於這問題，筆者於前答其實已經提到，現在且較詳細一點再答——

佛教絕不崇拜任何神祇，亦無創世主的概念。

一般宗教，多以所謂創世主為崇拜對象，佛教則連這個都沒有，既連「一神」都不建立，自然無所謂「多神」。

然則佛教的廟宇，何以又有許多神像供奉耶？

應該承認，有些即使由出家人住持的廟宇，其實已經墮落為「神廟」的層次，不復為「佛廟」也矣。至於佛廟供奉一些神像，無非是為了隨順世俗。

世俗多喜偶像崇拜，自原始文化已然如是，那是因為人世太多憂苦，人類自然會找一偶像來作為心靈的寄託，所以反對偶像崇拜的耶穌基督，其信徒亦必須立一十字架來作為偶像，若連十字架都取消，信眾的信心必然會因之減弱。

是故佛教的神祇，如護法伽藍、如護法韋陀，更如觀世音菩薩，都跟佛教有重大關係。

護法為天王，菩薩乃解脫後再示現度眾生的聖者；有些天王皈依釋迦之後，自願從茲護持佛教，菩薩度眾生更屬悲心，故佛門自可為之立像，以示景仰，兼亦隨順世俗也。

試看天主教與基督教，何嘗又不在一些特別的日子為其先知立像耶？足見立像景仰，實無過失，亦不代表迷信。

因此與其批評佛教供奉神像，倒不如批評一些信徒的崇拜方式，他們用祭祀來代替景仰，而祭祀時竟用三牲香燭神錢元寶，那就並非佛教徒應有的行為。

佛像的禮拜與形相

至於佛教設立的佛像，信徒對佛像加以禮拜，那又是否為偶像崇拜呢？

筆者可以說絕對不是。此亦猶之乎從前中國的禮俗，於過年時安奉祖先的畫像，每日奉以香茶美點，絕對是慎終追遠之意，毫無以此作為偶像的用心。

佛雖然不是佛教徒的祖先，但卻是已成就的先行者，也可以說，是精神上的祖先，因此設像以供頂禮，使信徒得以表達自己對先行者的孺慕，恐怕亦不能斥之為迷信也。

所以如果以不正確的態度來拜佛，每一拜，都懷有求世間福報的目的，那才是層次低下的偶像崇拜。

若筆者拜佛，只不過像除夕「辭歲」那樣，向父母叩首而已。

因此正確的拜佛方式，是依印度的世間禮俗，其最尊敬的儀注是吻足，故跪拜時，雙掌一翻，掌心向上，拜者宜作雙手捧佛足的觀想，心中除景仰外更不存任何雜念，最不宜叩一叩首，便認為佛陀應該給你以恩惠來作為回報。

關於密宗的佛像，何以除了面目慈祥者外，又有面目猙獰可怕者耶？

這種面目猙獰的佛像，密宗叫做「忿怒尊」，與此相對，面目慈祥者，則稱為「寂靜尊」。寂靜與忿怒，其實只是人性的兩面而已。

密宗的佛像，可以說，全部依人性而建立，筆者已經談過，密宗的修持，是「借幻修真」，即借幻像來修自己的心識，使八個識都能因此而得到淨化（八識即眼耳鼻舌身等五識，加上第六意識，第七末那識，第八阿賴那識），人性有善的一面，亦有惡的一面，是故便有寂靜忿怒兩種佛像建立。由此亦可見佛像的建立，目的不是教人迷信，如想人迷信，根本就不會設立忿怒尊。

密宗與捉鬼

密宗是否擅長驅邪治鬼？如若不然，為甚麼有些佛像這麼凶惡？

密宗承認有「鬼」，「鬼」也者，是結束了一生生命，而又未取他生身的中間狀態，亦即今生與他生的過渡時期，密宗稱「鬼」為「中陰身」，唯識家稱「鬼」為「中有身」，便是取義於此。

這些中陰身，他們的世界也即是我們的世界，但二者並不相妨礙，正如天空中存在着許多電波，彼此亦不相妨礙一樣。

在正常狀態下，人不可能見到中陰身，中陰身亦不可能見到人，亦如正在接收一個電視台電波的電視機，不可能同時接收另一個電視台的電波。但有時電視機卻會「黐線」，「黐線」當然是不正常的狀態。「見鬼」云云，便有如兩組電波互相干擾，人不正常，那「中陰身」亦不正常。

明白這個道理，便知道密宗根本不會去「捉鬼」。你幾時見過達賴喇嘛有捉鬼的紀錄。

東密有一個「不動明王法」，不動明王座下有兩個持繩索的童子，可以縛鬼，但這只是下三部密的事，若乎藏密，一切法儀，不依唯識即依中觀，所以斷乎不會有這種層次的法。

若碰到有人陷入「見鬼」的狀態，照筆者的見解，藏密行人只是像校正電視機、收音機的波段一樣，用修法來校正人與中陰身的「波段」，使其互不干擾而已，一定不會去「捉」—— 捉到之後，又怎麼辦呢？筆者真想請教擅長「捉鬼」的大師。中陰身自有其輪迴的業力，筆者不相信念幾句咒，結幾個手印，就可以干預中陰身的業力。

因此「捉鬼」問題，根本與佛學無關。

見鬼實亦幻象

除了中陰身可稱為「鬼」之外，有時候，而且是大多數情形之下，見鬼云云，只是患者心中的幻象而已。

人的一切作業，依唯識家的說法，都成為「種子」存在於第八識中。第八識名「阿賴耶識」，阿賴耶是「藏」的意義，因此第八識其實便是一個大檔案室。有時候，種子發動，於是人就有可能見到各種幻象。正常狀態的人，其實亦偶然可見幻象，例如受心理催眠的人，幻象很容易出現，但這情形，跟業力種子起現行時呈現的幻象不同，後者常常有恐怖的感覺，或者至少會在心理上產生沉重的壓力。

假如一個婦人，老是覺得丈夫死去時，葬殮得不夠風光，燒的衣紙太少，這種歉咎，便可能埋藏在第八識，一當助緣圓滿 —— 例如見到別人風光大葬，焚化大量紙錢，因此便觸起心事，這時便有可能見到丈夫向她索紙錢衣紙。因此，當她焚燒紙錢衣紙之後，就不會再見到丈夫的鬼魂了。

是不是真的紙錢衣紙有靈呢？絕不是，焚化其實只是一種心理治療而已。當焚化之後，她的心理壓力解除，自然就不再產生幻象。

所以許多時候，「捉鬼」云云，其實亦是對患者的心理治療而已。但若當中陰身在患者眼中出現時，那就不是幻象了，兩種情況不可混為一談。

對付中陰身最好的辦法，是將之超度，使其立刻解脫，或依業力往取輪迴，並不能將之「捉」。

只是能超度中陰身的人，恐怕有如鳳毛麟角，許多時候，其實只是對患者的心理治療而已，倘有意將之誇大，那便神怪得很，然而這類「神怪靈異」，卻非佛門弟子所宜吹噓。

答「雙身佛」之問

密宗為甚麼有雙身佛像？

這個問題，真可謂敏感之至。筆者姑且回答 ——

首先要明白，為甚麼西藏密宗有「雙身法」，恐怕這才是問題的關鍵。而藏密最受顯宗攻擊者，亦正在於此。

如果從理論層次來解釋，藏密主張由生活起修，一切修持不離生活，此亦恰如禪宗之「破柴挑水都是道」，所以信徒不必為此逃避性愛。此乃理由之一。

不但如此，密宗之從生活起修，是將一切生活行為淨化，時時觀想，行住坐臥都受三密加持，同時有一套修法，能將世俗的心識轉為出世間的智慧，所以，「轉識成智」便是藏密理論精華之所在。

提出這理論的，並不是密宗本身，而是「中觀」與「唯識」兩派的學者。中觀屬於「空宗」，唯識屬於「有宗」，可見空有兩宗學者，都共許「轉識成智」的理論。

不過顯宗只提出理論，除淨土與禪宗外，都無一套有系統的實修方法，而密宗則修持系統井然耳。

也可以這樣說，藏密以修身修心為主，修好心靈與身體，使身心都健康，然後才有趣入佛道的條件。若只修心而不修身，身體便可能影響心理，是亦非正道也。

所以密宗行人，必修氣、脈、明點。這種修持方式，大陸稱之為「藏密氣功」，稱為「氣功」，若隨順世俗則可，但其實已貶低了它的層次。因為修氣脈明點的目的，是使氣入中脈，當氣能入中脈之時，身心都進入一個與世俗不同的境界。

藏密不避性愛，而且將性愛轉化為修持，其實只是將世俗行為淨化，且藉之以修氣脈明點耳，並非主張濫交。

目的手段，必須明確

無可否認，元代的喇嘛得入宮廷，的確曾藉「雙身法」之名，引誘帝王及王公大臣，做過許多淫濫之事，此亦如明代的道家，投帝王所好，提倡房中術，又煉內外丹，弄出許多宮廷大案。

佛道兩家一接近權勢，都歪曲了本門的宗旨，我們只能說，權勢的力量的確很大，有識之士都不能逃過此關。但卻不能因此而責備佛道兩家也。

元代喇嘛的胡作非為，其實已經離開了密宗的正道，密宗的雙身法，必須雙方皆練好了氣脈明點，然後才能予以運用。

所以藏密戒律，不得與「俗女」雙修，「俗女」也者，即是未練好氣脈明點的女人。那些元代的宮廷喇嘛，顯然已不理會這點，他們將宮廷妃嬪與宮女等，都不以「俗女」視之，已經犯戒。既犯戒，其作為自然不足以代表密宗。

各位如果對雙身法有興趣的話，如今已有幾本英文的譯作，可以參考，讀完之後，便會知道，藏密絕對不提倡濫交，而且對性愛非常之有節制，修此法亦必具相當條件，如果不能控制氣脈明點，便號稱修此法者，即是違反法規。

因此，藉性愛來修持，其實亦並不驚世駭俗，可以說，凡驚世駭俗者，已非正道，筆者甚至可以說，凡引誘女弟子者，其人必為假的密宗上師無疑。密宗上師必不會對女弟子作性侵犯與性騷擾。

所以雙身佛的建立，正是將貪瞋癡三毒加以淨化的手段。

修雙身法，亦可以藉觀想而行，格魯派（黃教）的喇嘛便是如此，必須明白「轉識成智」的目的，以及此法是「氣入中脈」的手段，那才是正知正見。

是故見到雙身佛像，切不可視為淫褻。

第二章　藏密修持

第二章 藏密修持

藏密修持的步驟

要了解密宗，必須明白它的修持步驟，以及每個步驟的目的。

密宗其實不異禪宗。我國的「祖師禪」主張修行者求「明心見性」，當能見性之時，便徹知宇宙的本質（法界自性）。

這種境界，即是藏密修「大圓滿」的境界。

所以如果是上根的人，根本無須去學密宗，只要學禪便可以了。無奈世間上根的人實在少，因此能參禪而得見性的人，實如鳳毛麟角。

在唐代，禪宗見性開悟的人還相當多，至宋代，口頭禪已多於一切，南宋以後，禪宗更加衰落，原因恐怕即在於物質的引誘。我國宋代商業發達，商人社會地位上升，金錢的力量增加，「有錢使得鬼推磨」，便是宋人的俗諺，這種物質繁榮，對學禪甚有妨礙，因此縱有根基好的人，恐怕亦很難逃脫物質的擺佈。

在這情形之下，密宗便比禪宗易於入門（詳附錄一）。

下三部密，佈壇豪華，依足規定，恐怕三五百萬元佈不了一個壇，若是建立道場，三五千萬都不是一回事，這種作為，便是隨順世俗的見地，他們一定要見到金碧輝煌，旛幢帳幔，然後才能生起信心。可是修密的層次愈高，佈壇便愈簡單，若至最高境界，簡直連佛壇都不需要，隨時隨地都可修法，甚至在廁所都可以。這便是一步步擺脫物質力量的過程。這有如有錢人訓練子弟，先帶他花天酒地，玩到厭、見盡世面，就可以反璞歸真；若從小就不准子弟接觸世面，一旦碰到酒色財氣的引誘，恐怕就難以自拔。

藏密提出由生活起修，修密而不離生活，然後順乎自然，跳離世俗的層次，這即是基本原則。由於是從生活起修，所以藏密便先修身然後才修心，能修好身體的氣、脈、明點，然後才能制服有如野馬的心。

但是如果心不專一，卻亦難修氣脈明點，所以便變成一個難題，修身修心的先後，有如蛋生雞、雞生蛋。

密宗的祖師由實踐定出一套程序——

先給一個「本尊」讓他「觀想」，使其能集中意念。

然後修氣與脈。修的過程，必須集中意念，故以前一階段作為基礎。

當修氣脈已見成績時，便合氣、脈、明點而修。這階段，學習運用氣脈。

再後專修明點。「大圓滿」、「大手印」的初階便是這層次的修法。

千里來龍到此結穴，當氣脈明點都修到有相當成績時，集中於修心，便容易水到渠成。

所以一開頭的「本尊觀」，目的僅在於使意念集中。為了適應各種性格不同的人，便設立各種不同的本尊。是故一味喜歡「黃財神」的人，如果以為修三個小時的儀軌較十分鐘的儀軌有用，那便大錯。儀軌愈長，意念愈難集中，訓練起來便愈難，有時間，倒不如修十分鐘的儀軌二十次，好過一個儀軌要修三個小時 —— 其時不變成有口無心者，幾希矣。

當一個人修氣脈至某一階段，就會影響心理，也可以說，心靈開始淨化。如果修成氣脈明點，那麼，其人便可以說已脫胎換骨，生理心理都跟世俗不同。他一樣生活，然而層次已超越世俗。但如果不修心，一味只修法，那便依然是低層次的境界，必須脫離法的束縛，然後才能開始認識宇宙的本體。所以一味念咒的人，如果要念一世，那便簡直是悲劇。

修密必須修「觀想」

當了解了西藏密宗的修持步驟之後，便會知道，學密宗其實是要自己去修的，是之謂「自力」。

許多人去信密宗，但並不準備自己修法，只是去接受「灌頂」，認為一經灌頂，就已得到本尊的庇佑，如是即便萬事大吉，筆者可以說，那只是站在密宗的門外，尚未升堂，更遑論入室也矣。

許多人去參加法會，亦抱着得益的心情，認為跟上師一齊修法，便可以得到法益。是故有大活佛主持法會，立即人頭湧湧，如果修的是世間法，如「綠度母」、「黃財神」，更加擁擠，可是法會一散，一切便歸烏有之鄉，這樣便又稱為密宗信徒了，歎歎。

正確的學密態度，是以求解脫為目的，並不太重視求妻財子祿的世間法，更不會強調驅邪捉鬼這類層次低下的法門。因此，便寧願將有限的時間，放在出世間法的修習，而且是按部就班，先習觀想，然後修氣脈明點。

修「觀想」並不是一件容易的事，可是必須憑此修習，然後才能控制自己的心識。一切密法，都以「制心」作為基礎，這個修習過程，往往不容易突破，因為修習的人會起各種心理生理反應，唯有具資格的上師指導，才能針對各種反應予以對治，若盲修瞎練，便容易產生心理或生理的毛病。

密宗必須「密」，恐怕部份原因亦在於此。甲的反應不同於乙，若當上師指點某甲時，某乙在旁聽到，往往便抱着執到寶的心情，自己也去嘗試，結果必然產生偏差。這道理有如寒咳的人，去服治熱咳的「秘方」，一定藥不對症，咳得更厲害。

然而修習觀想畢竟是學密宗第一要着，不修觀想，念咒亦無效應。

密宗的「加持力」

談到密宗，許多人便會提到「加持」的問題，因為他們去參加法會，目的只不過是獲得「加持」而已。故對於「加持力」之問，的確值得一談。

有沒有「加持力」這回事？筆者可以說絕對有。不但密宗的上師有，顯宗的大德同樣有，甚至連佛門之外的許多教派，一樣有。

《聖經》記載耶穌能醫大麻瘋，應該是事實，因為連伊斯蘭教的《古蘭經》都提到同樣的事蹟，如果不是事實，《古蘭經》無須去為耶穌貼金。耶穌的事蹟，便是加持力了。

道家西派的「人仙功」與「地仙功」，為人治病，是吸收病人的「病氣」，然後自己再練功化解。這種「功」，倘若予以誇大，便是能醫萬病的「神功」也矣。然而平實而言，無非亦是加持力而已。大陸的「特異功能」人士，不敢用「加持」的字眼，於是便說甚麼「能量場」云云，那是牽科學的裙去掩玄學的腳，或有不得已的苦衷，但卻絕非真相。

「加持」一事，目前的科學無可解釋，因為科學尚未至玄學的領域，這條歧路或有合一的一日，但目前則尚未到此程度。然雖無科學證實，我們卻亦不能否認它的存在。

筆者對於「加持力」的態度，恰如對「特異功能」的態度，承認它的存在，但卻認為絕對有局限性，而且此事絕不宜成為「社會現象」，否則便會淪為妖孽。歷史其實已經證明這點，許多「妖人」，無非都是動輒即以「加持力」來惑眾的異能人而已。

因此學密宗的目的，如果但求得到加持，目的可謂十分不正確，人人這樣做，便更可能降低了密法的層次。將「自力」變為「他力」即是層次的降低。

念咒有甚麼用？

念咒有沒有功用？絕對有。釋迦牟尼說：「**咒力不可思議**」，豈虛誑哉。但是，念咒卻不能僅強調其「咒力」的神秘性，若一味將之神秘化，那便跟「喃巫」沒有分別；而且層次跟許多原始宗教無異。

可以分兩個層面來解釋「咒力」。一個關於生理，一個關於心理。

先談生理——

每一個聲音，其實是一組聲波頻率的振動。每個人發音，振動的幅度有高低大小的差別，但同一聲音，其振動頻率卻無分別。所以你擘盡喉嚨念一聲「鴉」，筆者低聲在喉嚨念一聲「鴉」，兩個「鴉」，每秒鐘的振動次數都應該相同，只是你發出的聲波，波幅高，筆者則波幅低，如是而已。

所以影響人的生理，是咒音的頻率並不是波幅。

某一頻率的物體，當受到同一頻率振動時，這物體便會發生振動。在我國古代已有「銅山東崩，洛鐘西應」的故事，那只是因為銅山跟洛陽的銅鐘，有同一振動頻率而已。

是故念咒云云，在生理方面的作用，便是可以藉咒音來振動自己的內臟，以至神經系統、內分泌系統。

藏密祖師說，念咒可以「通脈」，道理便是如此。

因為「脈」便是人體生理結構的代名。勤力念咒，愈念愈舒服，即是生理上的良好反應。

因此，並不是每條咒都適合任何人，每個人都有對自己特別適應的咒，因為每個人的生理結構都不一樣，是故見咒就念，未必有益。

念咒幫助「入定」

念咒同時亦有心理上的因素 ——

首先，是可以使我們容易集中意念。筆者已經談過，修密宗的第一步，是意念集中的訓練。佛家將人歸納為「身語意」三份，因為能夠有行為舉動者，不是身，便是語或意。想飲茶，拿起茶杯，呷一啖茶入口，「想飲」，是意的活動，拿起茶杯，是身的活動，呷一啖茶，便是氣的活動（氣即是「語」）。而念咒云云，則正是藉此調氣，亦是「語」方面的修持。氣能調，意念便容易集中。

任何人都一定有過這樣的經驗，當我們心猿意馬、雜念紛呈、六神無主的時候，便會感覺到氣喘，與此相反，則是「氣定神閒」。

「氣定神閒」這四個字，用得真好，蓋必神閒後才能氣定，一慌亂，氣便不能定矣。也可以反過來說，必須能氣定然後始能神閒，假如氣喘如牛，想「神閒」便十分困難 —— 順便提一句，筆者並不認為「慢跑」是好的運動，理由即在於此。

所以密宗念咒，是一邊念一邊調氣，調到氣順，意念便容易集中了。

是故念咒不必太快、不必太高聲，每個人都有自己適宜的音量與速度，各適其適，便會愈念愈順氣，鬥大聲、鬥快，那就等於「慢跑」，自己亂自己的心意。

藏密修持的初步成就，是使氣能入中脈。氣能入中脈則得定，同時生起出世間的智慧，而作為副產品的「特異功能」

亦同時產生，是故調氣實在是修持藏密的要訣。

因此，念咒並不是「入定」，但能習慣念咒，則可以因氣調、脈順而容易入定。

也可以說，念咒其實是訓練意志集中的前行過程。這部份作用，屬於心理。

藏密靜坐不是氣功

密宗有些修持方法，似與道家相同，但其實卻不是。筆者算是兩家都曾修習，因此可以作一比較。

西藏密宗的最基本修行工夫，是「毘盧七支坐」，這是一種靜坐的方法。因為由毘盧遮那佛傳下來，其法有七個要領（七支），故得「毘盧七支坐」之名。

這靜坐法，絕對不是「氣功」，實乃修定的方法而已。大陸將之稱為氣功，那只是隨順世俗的叫法。

但這叫法卻很危險，因為很容易引起誤會，以為此法跟世俗氣功同一層面。

然而世俗的氣功，卻屬於「有為法」，練氣的人，要由意念引導體內的「真氣」，循着經脈運行，是為「以意導氣」；毘盧七支坐則不如是，只是依法這麼坐着，任何雜念皆不生起，不准觀想本尊，更不得念咒，只准觀想「生法宮」── 約略相當於道家的「丹田」。

「丹田」之名，意味行者的「丹」即由此方寸之地種出，故謂此方寸為「田」；要結內丹，便是「有為」。藏密的「生法宮」則不然，它雖說「一切法皆可由此宮生起」，是名為「生法宮」，然而當習靜坐之時，此宮卻一法不生（即是除了意守此宮之外，不准更加任何意念），因一法不生，是故得靜，因能得靜，行者自能因此使氣、脈、明點得以自行調節；同時能吸取周圍的能量，增強自身的體能。因此它是「無為法」，與道家的「有為」完全不同。

所以修習七支坐，絕對不會結丹，可是氣卻能調順，脈卻能調柔，明點卻能調至生起光明，這或可解釋為外界能量場加強人體能量的結果，但一切卻自然而然，並不故意引氣周行經脈。

以上為基礎功夫的比較。

拙火亦不同丹田火

西藏密宗於習毘盧七支坐有一定基礎之後，便要專修「拙火」，此亦約略相當於道家的「丹田火」。

拙火係由「生法宮」生起、但其生起的目的，卻並不似道家，志在結丹。

道家修煉內丹，以人體為爐，以丹田火燒煉丹田內的丹，然而同時亦以意念引導經脈的氣，尤其注重心腎兩經，心屬火，腎屬水，能正確引此兩經的氣入丹田，便能「水火既濟」—— 這步工夫，各派不同，筆者曾修道家西派，此派的修法有與密宗相似的部份，可能由於西派發源四川，跟康藏接壤，故修法有所交流之故。

但修「拙火」，卻不會有任何目的，只是一味加強人體的熱量，正確點來說，是使體能集中於一點，於是使此點發熱。當拙火生起之後，如有需要，可以憑意念將此拙火引至身體任何部份，這跟道家的「丹田火」不離丹田，完全不同。

至於道家於結丹之後，練出陽神、出陰神這一套，西藏密宗則完全沒有，因為並不需要。

道家始終偏向於動，是故「出神」；密宗始終偏向於靜，是故並不拿拙火去生產「嬰兒」——出陽神，便是由內丹產生「嬰兒」，有如懷孕，「嬰兒」成熟，便可以「出神」，使「嬰兒」離開修行人的身軀，到外面逛一逛。

可是憑拙火生起「紅白菩提」的修法，道家卻沒有。

這種方法，目的是調整人體的內分泌。道家北宗，要修至男人不舉，女人停經，然後謂之有成，那是對內分泌的嚴重破壞；西派靠「人仙功」來補救，不主張破壞天然的生理，然而卻似不如藏密，修內分泌以增強人體能量也。

女人練到變男人

有一位台灣師奶移民夷島，來見筆者，見其神氣有異，詢之，則謂在台灣時曾跟一異人學過氣功，已經練到可以發氣。

筆者詢問其所學，知道她學的是道家某宗，乃點頭不語。那位師奶卻說：「我就快可以斬赤龍矣。」她的目的，是想告訴筆者，她自己的修行層次，可是筆者卻聞言而驚。「斬赤龍」是該派術語，即是要女人練到停經，跟着便胸部變平，一切性徵都逐漸消失。三十歲左右的女人便要練到變男人，難怪其神氣有異，望去總覺得怪怪地。

於是筆者便從書架上，找出劉銳之上師編著的《西藏密宗靜坐法詳解》，叫她拿回家看，看完再講。

後來她打電話來矣，說裏面有些東西好似她所學的道家，她看完書之後，曾照書中所述來自己練，打坐不久，就覺得有一股熱氣由頂門衝落丹田，好暖好暖，可是她卻沒有導氣，不知何以如此。

筆者告訴她，藏密的靜坐法，全靠自我調整，她以前所練，違反自然，雖然叫做「逆轉河車」，或者「張果老倒騎驢」，但其實氣脈逆亂，所以一習西藏密宗的靜坐，便發揮調整功能，暖氣歸還本位。

筆者將這件事寫出來，並不是有意貶低道家某派，目的只是想讀者做一比較，知道藏密的靜坐絕對不是氣功而已。藏密強調自然，正唯自然，才可以修到定的境界，因此修練氣脈明點，才絕不會走火入魔。像那位台灣師奶，則可謂已在走火的邊緣矣。假如她不信筆者的說話，仍然以能發氣沾沾自喜，相信不出兩年，她的生理心理便全部改變。若女人變成男人，男人變成女人，叫做練氣成功，那則非筆者所知矣。

道家「逆修」的根據

道家的「逆修」，在宋代以後，有許多精闢的理論，但筆者卻懷疑，「逆修」的來源並不來自這些理論，即是說，其為後設理論耳。在魏晉之世，有「逆修」之法，而尚無如此精采的理論也。

筆者這種說法，甚有根據。魏伯陽的《周易參同契》，無論內丹家或外丹家皆視之為丹經鼻祖，他就提出了「五行錯王」的說法，此即為「逆修」的來源。

甚麼叫做「五行錯王」呢？要明白這道家的理論，必須先知道陰陽家鄒衍「五行相王」的說法，即是水剋火，火剋金，金剋木，木剋土，土剋水。火怕水故以水為王，水怕土故以土為王 ...... 即是五行互相為王，彼此互相牽制。

但煉丹家卻憑實際經驗，對鄒衍的說法提出質疑 ——《周易參同契》云：「**丹砂木精，得金乃并，金水合處，木火為侶。**」這是說五行並非一定相剋，丹砂屬火，木精屬木，然而得金乃成仙丹，此時火既不剋金，金亦不剋木。是故金水木火可同居一體。

五行不但不剋，有時且可反剋反生「（錯王）」，《參同契》云：「**五行錯王，相據以生，火性銷金，金伐木榮**」。後來張紫陽真人即由是開創南宗的「五行顛倒」、「逆轉河車」的修法。紫陽真人有一首詩說：「震龍汞自出離鄉，兌虎鉛生在坎方，二物總由兒產母，五行全要入中央。」這即是由煉丹得出來的經驗。丹砂屬火，由煉丹砂得到水銀（汞），水銀為「震龍」屬木，是為火能生木；黑鉛屬水，由煉鉛可以得到白銀，白銀屬金，是水能生金。火生木，水生金，即是反生。蓋五行常道應為木生火，金生水也，今反其道而行之，故曰由兒產母。道家的煉氣理論，根據即如此。

「倒騎驢」是否合理？

道家的丹法，先有外丹（煉仙丹及點金術），然後才有內丹（氣功），所以內丹家常用外丹家的理論，許多名詞，名同實異。例如外丹家的「丹砂」指氧化汞礦物，而內丹家則用以指心；外丹家的「黑鉛」指氧化鉛礦物，而內丹家則以指腎。彼此涵義，相去十萬八千里。

可是名同實異，卻因「名同」便使二者理論彼此溝通。因此由煉丹砂得水銀，煉黑鉛得白銀的實驗結果，便使內丹家悟出「由兒產母」的道理。如果以宇宙為母，以人體為兒，則因人的修煉，在體內產生一個宇宙，此小宇宙與大宇宙相融相會，那便是「由兒產母」。

因此「五行顛倒」、「逆轉河車」的內丹修法，便由此而來。唐代的內丹家張果，常倒騎毛驢，即是「顛倒」與「逆轉」的示意，所以至今畫八仙的人，還必畫「張果老倒騎驢」。

道家先有南宗，然後才有北宗。南宗的逆煉，會煉到男女生理變化，所以後來又提出男女雙修的修法，此即是補救，否則人體的內分泌即不平衡，故此宗有「雙修派」。

南宗末流流為淫褻，於是刺激北宗興起，北宗的道士皆出家，反對房中術，然而「逆修」則如南宗，卻無雙修，所以便反以男人修到不舉、女人修到停經為正常的現象。

明清兩代，又相繼有東西二派興起，其實都只是研究如何平衡「逆修」而已。西派流行於四川，所以又兼採西藏密宗一些修法。

筆者簡略提出道家內丹修法的原理，只想提出一個疑問：由形而下的外丹修煉，得出形而上的內丹理論，這個理論是否合乎自然，實在應該加以省思。

而藏密宗的修法，卻無此問題存在。

到底還是自然好

為了補救「陰陽顛倒」的弊病，道家後起的西派，便有「人仙功」的修法，即是房中術。他們是藉此使陰陽調和，不致產生流弊。

可是「人仙功」本身亦有流弊，筆者對此不便深談。

至於另外一種補救辦法，是修「地仙功」，即是吸墳場、義莊的「鬼氣」或「屍氣」，利用此純陰之氣（正確的說法，是「陰中有微陽」之氣，配《周易》的坎爻 —— 不是坎卦），來引發人體的陽氣，其理論為由是便得「陰陽交媾」，可與「人仙功」有相同效果。

筆者習過西派，而且輩份不低，故對本派的氣功不妨坦率一點評價 ——

無論怎樣補救，始終都是補救。

西派有一套很完整的理論，有大部份跟南宗相同，所行的經絡路線亦完全相同，可是絕對不主張男人修到外腎不舉，女人修到赤龍被斬，因此便以「人仙」、「地仙」二功輔之，這即是補偏救弊。

凡須要補偏救弊，都有如生病要吃藥，藥即使對症，亦總不及不生病的好。因此西派的修習法雖比南宗複雜，理論亦較多，但始終不能順任自然。因此練習西派的氣功，雖可童顏鶴髮，但筆者親眼所見，中壽左右即死亡者亦多，雖名為「屍解」，即是認為修行已證仙道，但筆者卻懷疑，強行吸氣運氣，稍有差池，蓋亦在所難免也。

大陸已正式公佈，強調專業名銜並無「氣功師」之名，民間團體推舉的大師，國家概不承認，相信即是因為各種流弊太多，故國家才不得不出面澄清。

由此可見，順乎自然的藏密修持法，也許正以自然作為優點。

神通只是輪廻的因

密宗跟道家的最大不同，在於一個觀點：道家以得成仙為最高目的，可是同時承認，即使大羅金仙亦有「應劫」的一日。照密宗的理論，這種修法，只是屬於「人天乘」的層次。

何謂「人天乘」耶？即是修行的目的，在於保證輪廻依舊做人，但卻是福報比較好的人；或者不做人，卻做「天人」，享受天人的福報。所以在佛家看來，道家的修證登仙、猶太教的上天堂、伊斯蘭教的回到真主身邊，無非都是修成「天人」，並不徹底。

因此修習密宗的最高目的，是脫離六道輪廻，當然不做地獄、餓鬼、畜生，連人以至天人，包括惡的天人（阿修羅），都不想做，因為他們都在「六道」之中，福報一完，連天人都要輪廻。

由於觀點不同，因此修習的方式便有很大的分別，道家講究「性命雙修」，因此由築基、採藥，以至丹成，是一套很完整的修身法門，的確能影響內臟的活動，更能影響內分泌。由於生理變化，精神及心理亦隨之變化，當意念高度集中時，便有神通矣，即是今人所謂「特異功能」。是故筆者對「特異功能」從來不否定，只否定對待「特異功能」的畸型心態耳。即以道家本身而言，恐怕亦不贊成這種不正常的社會現象。

密宗的修氣脈明點，進而修心，目的並不在產生神通，神通只是修持過程的副產品，所以跟仙人不同，無神通則不是神仙矣，而一個行正道的密宗行人，當神通起時，卻要以修心的方法，將神通修掉，否則便成執着，執着於是又成為輪廻的因。

學習密宗，必須明白這一點，若以神通為目的，不如學道家。

密宗修持特色

筆者覺得，還可一談密宗的修持，跟顯教其他各宗的分別。

顯教密宗，二者都是佛教，因此求解脫的目的可謂一致，其所不同者，只在於修持的方法。

禪宗一入手就修心，所懸的目標雖然正確，但可惜太高，並不是人人可以做得到。日本禪提倡「禪化生活」，人人都可以做得到了，可惜卻是走了樣的禪宗，因為禪宗必須不執一法，然後始能開悟，而「禪化生活」本身便已經是法執了，一有所執，絕對不是禪。

淨土宗行法有次第，雖然同一念佛，可是卻有許多層次，同時有「彌陀十六觀」，令行者觀想，訓練意念集中，固不失為「易行道」，相對而言，禪宗便是「難行道」矣。但密宗與淨土宗比較，卻是除了意念集中之外，密宗還有一套修身的方法，由修身來幫助意識及潛意識的修持。

關於各宗的差別，詳見拙著《佛家宗派》。

最近筆者看過一套科學片集，說人的腦細胞，其實平時只用一小部份，如果能開發多一點腦細胞，使其能發揮功能，人便能控制自然界，同時能發明許多意想不到的事物。這說法，是從入世方面來立論，筆者覺得，出世間智慧的開發，其實是一部份腦細胞的開發而已。即是說，當腦細胞開發之後，你可以叫它專注於世俗事務，但亦可以使之幫助修心，達到人與自然融和的境界。入世出世，只是同一事物的正反兩面，有如一手，有手掌亦有手背。所以密宗的修持，其特色恐怕即在於逐步開發人的出世間智慧。這個境界，很難言說，禪師真正開悟的境界，即是如此耳。若利口辯詞的口頭禪，或者「禪的生活」，無非依舊是世間智慧的層次。

第三章　活佛的由來

第三章 活佛的由來

甚麼是「活佛」？

甚麼叫做活佛？他們是否與眾不同的奇人？

這個問題很有意思。因為一提到「活佛」，立刻便於人以神秘的感覺。然而這其實是很大的誤會。

首先須要指出，「活佛」其實也完全是人，而且是百分之百的俗人。他們必須經過修持，然後始能入道，並不是一具「活佛」名號，立即便超凡入聖。

其次必須指出，在西藏西康蒙古一帶，「活佛」很多，幾乎可以說是隨街走，如今流落在印度以及海外的「活佛」，也可說車載斗量，有些年輕活佛，脫離文化背景太久，又未必捱得苦，所以便亦有打着活佛名號，甘心為人利用者，故不可不慎。

「活佛」只是修行人的轉世。佛說，菩薩有隔胎之迷，即使是修菩薩道的人，如果轉輪廻，他第二生亦並不是一生下來即通佛法，依然要學、要修，然後始通佛法，充其量因為生具夙因，學習起來比一般人通透一些、快一些、證量大一些，並非不學而致，是為「隔胎之迷」也。菩薩尚且如是，何況未證菩薩果位的修行人。

凡學藏密的人，如果具大悲心，願意再轉輪為人，又或者修行的證量不足，未能了脫生死，死後依然要轉輪廻，他們都可以修一特別法門，再轉入世，而且可以揀擇具善根的父母，這樣，其第二生即為「活佛」。稱之為「佛」，只代表尊重其前生的修持，並不是說他已經成佛。

在我們這娑婆世界，真正存在過的「活佛」，只有釋迦牟尼，他的確是「肉身成佛」，故其得道之後，未取涅槃以前，便是一個曉吃飯屙屎、講經說法的活佛。除此之外，未有所聞。

白教創「活佛」先例

世人最熟悉的活佛，是達賴喇嘛與班禪喇嘛，他們是格魯派的大活佛，分別管理前藏與後藏的政權，因此地位也最為顯赫。

然而活佛轉世卻非由格魯派開其先例，開先例者是噶舉派（白教）。於我國南宋末年，當時噶舉派的領袖噶瑪巴思曾謁見忽必烈；元代開國之後，他又謁見過元憲宗，元憲宗賜他一頂黑帽，成為權力的表徵，又得「大寶法王」的稱號，儼然為西藏政教的領袖。在此歷史背景下，於焉便有轉世制度確立。

後來格魯派取得政治上的權利，因此亦非確立轉世制度不可，因為假如無轉世制度，則當權者死後，政局便可能弄得很亂，權力鬥爭一定風起雲湧，數十年就亂一次，情形真可謂不堪設想，是故西藏需要建立活佛制度，是完全可以理解的事。所以蒙古亦有兩尊活佛，一為哲布尊丹巴，一為章嘉活佛，他們亦分掌蒙古政教，同樣要建立轉世的制度。

由於上行下效的關係，許多康藏修密的人，便亦修轉世的法，因此雖不結婚生子的喇嘛，由此便亦有法定繼承人。

倘如按歷史事實，第一世達賴根敦珠巴生前，實未宣佈轉世，他圓寂後，手下的大喇嘛才議定學白教的制度，確立繼承人，於轉世靈童尋得後，才追封根敦珠巴為第一世達賴喇嘛。故此轉生制度實非由達賴自己建立。今代達賴喇嘛由於長期流亡海外，與民主思想有所接觸，考慮廢除轉生制度，這是一相當開明的表現，極其難能可貴。

將來亦可能由於上行下效，活佛制度慢慢廢止，也完全不是不可能的事。因此我們不必視「活佛」為與眾不同的「奇人」。

「活佛」是真還是假？

來問者問到一個很坦率的問題：「活佛轉世」究竟是真是假？

問得坦率，筆者自然亦應該答得坦率。筆者的看法，「活佛轉世」實在有真有假，實不可一概而論。

為甚麼筆者認為有真呢？

因為密宗專門研究「中陰身」，在佛教各宗派中，密宗可以說是這方面的專家。

「中陰身」即是此生已死，卻仍未輪迴取他生身的過渡狀態，這種狀態自然跟「轉世」有關。

談到「中陰身」，科學家一定認為無稽，可是自從伊文思・溫慈將《中陰身救度密法》翻譯成英文之後，中陰身的研究便已進入科學領域，研究的結果，證實了一些密宗的說法，雖未能全部證實，但至少不能隨便謂為無稽，何況許多知名的心理學家，對此亦作出學術性的解釋，所以不能說藏密的說法毫無根據，只是迷信也。

既然有這法門存在，這法門又有「遮胎門」的方法，所以中陰身能選時選地選人來投胎，亦不是不可信的事。只不過筆者對轉世的法門毫無興趣，因此研究甚少，故對此法門未能詳述耳。可是既有法門，自然一定有修法成功的人，能控制轉生，故筆者謂「活佛轉世」為可信。

可是世事有真便必有假，由於活佛轉世往往關係到權力鬥爭，所以你確立你的「靈童」，我確立我的「靈童」，便亦非罕見的事，活佛的地位愈高，這現象愈常見，因此誰也不能擔保其中無詐。

至於證量未到的人，雖遺言轉世，卻未能控制得住，而後人則必仍立轉世的活佛，這種情形，筆者認為亦會發生，斯即為假活佛也，不必予以隱諱。

活佛有優亦有劣

每當筆者談論書畫，一向主張與其辨別真偽，不如辨別優劣。許多自命有眼光的鑑定家，一定不以筆者的說法為然，可是歷史上卻有許多事實，證明前代的著名鑑定家往往走眼，而且走眼得離譜，因此便知筆者的說法其實很有道理。

對於「活佛轉世」，筆者的看法一樣，與其辨別其為真活佛抑或假活佛，倒不如看這活佛是優抑或劣。

近代黃教有四大活佛，西藏是達賴與班禪，蒙古是哲布尊丹巴與章嘉。筆者可以說，這四大活佛，絕不是世世皆優。

第五世達賴喇嘛，著述甚多，又研究西藏歷史，寫成《西藏王臣記》，如今已被譯成七八種文字；他又有三十三函著作，闡述佛理，由小乘談到大乘，概括各種精華，這些著作近人亦已着手翻譯，且已有部份出版，這樣的一位活佛，無論是否過來人轉世，都不妨視之為真，最少可視之為優。

可是他轉生的第六世達賴喇嘛，年僅二十四歲，就在被清兵解送途中病逝。在此之前，又為西藏的貴族廢立，平生未見有何事功與著述，亦未見曾受高法的紀錄，像這樣的一尊活佛，即使真的是具宿根轉世，亦不妨大膽一點，評之曰劣。

蒙古的哲布尊丹巴更離譜，第二世活三十三歲，第三世十五歲，第四世三十八歲，第五世二十八歲，第六世僅活六歲，第七世則活十八歲。世世如斯短壽，則活佛縱真，亦應無足述之道。

舉此為例，筆者的意見便很明白，與其研究活佛的真偽，倒不如看其事功如何？其學術如何？其證量如何？這樣才不會陷於偏頗的不信或迷信。

由「熱振事件」看活佛

筆者想說一段西藏的近代史，由這段歷史，應該可以更了解西藏的活佛制度。

第十四世達賴喇嘛能「坐床」登位，亦有過一些波折。

十四世達賴出生於青海，當時國民黨在青海的軍事將領是馬步芳，他竟然不肯讓西藏人迎請達賴回藏。由是導致西藏一些大喇嘛乘機另立靈童。

其時主持西藏政務的是熱振活佛，其人親漢，便上書國民政府請護送達賴入藏。結果國民政府承諾十萬白銀的護送費，馬步芳才讓達賴去拉薩。既至，西藏僧侶皆大歡喜，雖未舉行坐床的儀式，亦把靈童當作達賴喇嘛，羣相羅拜。在這樣情勢之下，另立藏地出生靈童的大喇嘛當然面目無光。

這些大喇嘛於是跟英國人勾結，先用降神的方式，說熱振活佛有三年災難，必須退休，逼熱振交出政權。過一年，便居然派藏兵包圍熱振寺，將熱振活佛逮捕，尋且將之勒斃於獄中，而且宣佈，正式取消熱振的「呼圖克圖」名號，以後的熱振活佛，成為普通活佛一名。接着，又將達賴喇嘛的生父毒死，因為他跟熱振活佛關係太好。

當時主持此一相當於政變活動的，是噶廈活佛。他當然是大活佛，於五十年代初期依然活躍，他的名號，始終是大活佛一名。

由這段歷史可知，活佛的「大小」，實在跟政治勢力有關，得勢則大，失勢則小。論權勢而不論其佛學及密法上的造詣，是黃教活佛制度的最大缺點。

其他教派，由於不得干政，所以情況便有所不同，活佛的地位雖由造詣決定者多，然而活佛制度，卻亦不能說毫無缺點，達賴宣佈他本人取消轉生制度，當然有他的理由。

用平常心看活佛

筆者如是評價活佛，並非對活佛不敬，只是實話實說而已。在目前，世人對密宗有許多善意或惡意的誤解，故談密宗問題尤應平實，否則反而對密宗有害。

一個有證德的活佛，其行住坐臥雖有威儀，一如顯宗的和尚有其威儀，但決不會裝模作樣，故弄玄虛，一登壇，恰如六國大封相，隨從眾多，排班侍候，工架十足。若如是，那就是做戲而已，決不是傳法。

如果傳法，亦必要言不煩，將話題圍繞佛法。倘如說三道四，一味宣傳自己，又或者說在道場見「靈」，甚至明示暗示信徒，道場有菩薩降臨，則這種活佛，無論其身份為真為假，至少其人亦不足道。

活佛並不是生出來就是佛，他依然要修要學，除了密法，他還應該讀經論，那才有資格傳法。在印度及尼泊爾，活佛通街走，有些甚至生活艱辛，如果請一兩個這樣的活佛來香港建立道場，雖有吸引力，卻未必見得就可以利益信徒，因為一切只是買賣，那就叫做「裨販如來」，一向為佛教徒所不齒。

我們也千萬不可以認為活佛亦有「特異功能」。有證德的活佛，決不會故意賣弄神通。如今科學昌明，催眠術、心理學，以至聲光電化的魔術，都可以擺局擺到似「特異功能」，因此凡由「活佛」本人炫耀這個，或由其隨從下屬代其宣揚，做張做致者，此活佛即使真亦必無可觀，充其量只是劣等活佛。

許多人一聞活佛之名，即心生崇敬，連活佛放個屁都趕緊將之吸入丹田，這類人甚易受假密宗迷惑，因為他已失去了平常心。

記住筆者的說話，見活佛，且勿問其真假，先問其優劣可也。此言可謂金針度盡，實為末法時代的金石良言。

活佛與「神通」

活佛與「神通」的問題，亦值得一談。

首先必須了解，「神通」並不是很了不起的事，佛家絕對不會重視神通，佛言「鬼有五通」，即他心通、天眼通、天耳通、神足通、宿命通，能夠感覺到別人的思想、聽遠方聲音、見遠方事物、疾行無礙無有阻隔，又能知人夙世因緣，以世俗眼光言，很了不起，可是這卻只是鬼道而已。一旦成鬼，不求自得。

佛家修持的目的，是在解脫生死，不再輪迴，因此絕不以具有「五通」而沾沾自喜。而且恰恰相反，認為若具「五通」任何之一，反而易生無窮煩惱。

有一位日本婦人，生下來即具他心通，來見筆者，便十分抱怨自己這種特異功能，因為知道別人的隱私太多，絕對不是一件快樂的事，她只求能做回一個平平常常的女人。此婦人能用意念彎曲一柄不鏽鋼湯羹，又能為人預言，談言微中，可是卻並不引以為能事，這即是具神通者的親身體會。

因此，筆者主張，要評價一位活佛，千祈不可由「神通」來着眼。有一些活佛、靠表演神通來吸引信徒，其風格即不如有證量證德的喇嘛。

筆者自小至今，見過不少奇人，佛道兩家以至通原始巫術的人都有，其中有些奇人還樂意以法相授，可是筆者卻多謝絕，自問這態度甚為正確。小時候是靠家長的提點，及年長之後，則得益自研讀佛經之功，知道甚麼是正見，就不會給這些小道小術吸引。

俗語說「一瓶不搖半瓶搖」，故有證德的佛門耆宿，一定不肯招搖，而用盡方法招搖的人，無論其為佛家抑或道家，恐怕都不見得怎麼樣，因此「神通」絕對不是評價活佛的標準。

以道家「雷法」為例

談到神通，不妨一談道家。

道家的神通，最驚世駭俗的，無過於「神霄派」與「清微派」。他們修的是「雷法」，即用雷部的符咒以行術，可以求雨祈晴、誅魔斬怪、治病驅邪，甚至可以用來超度亡魂、煉五鬼之形。若以今日的觀點而言，無非只是特異功能的運用而已。

神霄派後來式微，可是清微派卻依然代有傳人，此派所傳的「五雷都功」尚有不少人在練習，據說上茅山依然有此派高手。

然而神霄派在宋代卻是一個十分重要的門派，他們出了一位白玉蟾，世稱海瓊先生，因為是廣東海南人。白玉蟾將南宗丹法與神霄派的雷法配合，又援引《周易》作為理論根據，光大了神霄派的門戶，故研究道家的人，非讀《海瓊白真人語錄》不可。

白玉蟾是雷法傳人，他卻要用南宗丹法，那是因為他認為，一切雷部的符咒，都要靠自己的內氣來駕馭，因此提出「法是心之臣，心是法之王」，要修雷法，非自己先充實內氣不可。這種觀點非常平實，因為雷法既然是特異功能，便非修煉此種功能不可，若以為只是符咒有靈，行法必然無驗。

既然將雷法與丹法配合，因此亦非「還虛」不可。

還虛是高度的精神修養，其實與專門注重事功的雷法格格不入，這就形成神霄與清微兩派的致命傷。其後「北七真」的興起，特別是邱處機「龍門派」的崛興，專重內丹修煉，不着重符咒，神霄派就告衰落，而清微派則隱於茅山，雷法也就成為茅山道士的特色，唯聲勢則已不及北宗。

由此可見，即使道家亦以內修為本，符咒只是末節，其一切行術的事功，仍非以內修作為基礎不可。能分本末，便可正確對待神通。

密宗與食肉

佛教不殺生，為甚麼密宗的活佛卻可以食肉？

這個問題有邏輯上的錯誤，因為他將「殺生」與「食肉」等同起來。我們不妨將問題改寫如下 ——

第一種改寫：佛教不殺生，為甚麼密宗卻可以殺生？

但無人會提這樣的問題，因為密宗亦不准殺生，殺生即犯戒。

第二種改寫：佛教徒不食肉，為甚麼密宗卻可以食肉？

亦無人會這樣提問，因為佛教徒並非不可以食肉。釋迦當年即食肉，只是不殺生而已。他有一個老表提婆達多，即拿着他食肉來作為把柄，背叛佛教，另組門派，後來幾經周折才將事件平息。

筆者將問題如是分析，並不是賣弄邏輯，只不過想通過邏輯來解答問題而已。因為密宗的人不殺生而准食肉，恰如釋迦，一點也沒有區別。

佛教徒不得食肉，只是中國僧團的規矩，主要原因，在於中國的僧團制度已不同印度。釋迦當日的僧團，一律乞食，是故僧人必備有一乞食飲水兩用的鉢盂。

如今泰國的寺廟，還保存這種規矩，只不過他們有些已不必沿門乞食，到時自有人來布施而已。

中國的僧團，則改為「叢林」制度，起初寺院多建在深山，乞食由是為難，因此僧侶便只好自己煮食，有「香積廚」的建立，既然如是，那就當然非食素不可，如若不然，就得殺生，是犯佛門重戒也。

因此密宗信徒可以食肉，卻並非故意為口腹之欲殺生而食，其規矩亦猶釋迦當年耳。只不過我們見慣中國的僧團制度，才會有此不合邏輯之問。

戒律也有背景

佛教傳來中國之後，由於適應歷史文化背景的緣故，中國佛教諸多制度，已非印度原來的制度。許多人不明白這點，以為當日釋迦跟弟子住在一塊，亦猶今日的老和尚帶着一群弟子住在寺院，釋迦有如寺院的方丈，如是理解，即大錯特錯。

我們讀佛經，許多時候見到釋迦於說法前，要「洗足敷座而坐」，為甚麼要洗足？便是因為他亦隨眾乞食，赤足行過許多路，食畢說法，結跏趺座，總不能盤膝反轉兩隻沾滿泥的腳板。倘如釋迦有如中國寺廟的方丈，穿鞋踏襪，說法前又何必洗足耶？

印度的僧團制度，嚴格遵守「過午不食」，那是用戒律來規定一個乞食的時間，假如無此規定，弟子一日去乞三餐，早午晚，那麼就會變成乞食是主要的功課，根本沒有時間去聽說法以及修持。而且印度天熱，吃一餐雖然餓餓地，卻不必太消耗身體熱能來抵禦寒冷，中國不同，不必乞食，許多地方的天氣比印度冷得多，只吃一餐，晚間空腹便不容易禦寒，是故「過午不食」的規矩，便相應而有改動矣。這也不能說中國的僧團做錯。

筆者一向主張，對佛教戒律，最要緊的是領會其精神，而不是死死板板的模仿戒律的形式，否則那些清規戒律，就根本失去其意義。

尤其是二千多年前訂下的規矩，今日非加修正不可，我們總不能將佛教特殊化，說二千多年的東西今天還百分之百合用。

事實上，釋迦逝世後的一百年，便因戒律的詮釋，引起部派分裂，足見一百年的光景，已足以形成現實生活的差距，更何況是二千多年，時間如是，空間亦如是，中國不同印度，西藏亦不同印度，各有地理因素的差異，故西藏的規矩不同中國，亦猶之乎中國不同印度耳。

生活細節，不宜多問

要了解密宗，其實跟了解禪宗一樣，十分之不容易。由禪宗公案，我們知道古代許多禪師的故事，這些故事的涵義，現代有些禪宗學者企圖加以解釋，可是其解釋能得多少真相，恐怕卻是不可知的事，因為「禪」本身便是不可解的。

我們習慣了自己國產的禪宗，是故對於禪師的行為舉止，雖不可解，亦不求甚解，只在不可解之中來尋求他的法味，那其實是以不解為解，而且以不解為樂。

可是我們對於外來的密宗，卻便不肯以對待禪宗的態度對待之矣，所以對於喇嘛、上師的許多行動舉止，以至一切儀注，便非深求其解釋不可。甚麼都要解釋，結果便愈想理解愈多疑問，此實為學密宗之大忌。

要了解密宗的唯一方法，便是依上師的指導來修持，一面修持，便一面能對密宗有所了解，這時候，許多疑問便會自然消解。此密宗之所以稱為「行門」也。行門有如實驗室課程，不做實驗，只拿着一份實驗講義來左問右問，自然愈問愈煩，只須自己走進實驗室去做，便不會問人：燒杯跟茶杯有甚麼分別？

筆者這樣說，並非想避開回答一些問題，只是因來問者提到食肉之外，又問及許多屬於生活方面的細節而已。

密宗由生活起修，即是說，修持不脫離生活，甚至可以說，任何生活形式都可以成為修持的依據，是故關於生活細節問題，實不宜多問，問則徒惹煩擾。

當然，要能達到這樣的地步，亦非咄嗟可辦，必須依上師指示，由淺入深，一步步修上去，才能得此證量，是故筆者上述解釋，絕不能成胡作非為的藉口 —— 修密之難，便在這裏，此正一如修禪之難。

弟子觀察上師三年

筆者常說，任何生活形式，皆是修持，此乃實話，可是亦正因這樣，亦形成一些流弊。有些人毫無證德，也可以隨便掛起上師的招牌招徠弟子，也可以同樣以生活即是修持為藉口，亂七八糟，卻說得天花亂墜，在理論上，他們的行為亦可以站得住腳，除非是能夠證明，其人實無證德，但若要證明這一點十分困難。

尤其是，現代人機詐百出，他們並非一個人出來行騙，而是一個集團出來招搖，配備魔術師、催眠術師，加上聲光電化效果，表演起來，實在容易迷人心眼，尤其是受催眠的人，一旦陷身其中便難自拔，那時候，便根本沒想到要證明此「上師」一切證德證量之真假，是故假密宗流行天下，實在有其本身的特殊因素。

在這方面，筆者只能請大家注意密宗的一項規矩 —— 上師觀察弟子三年，弟子亦觀察上師三年；然後才傳法受法。

因此，有心做弟子的人，是完全可以觀察上師的，而且必須觀察，千祈不可靠耳食之言來做決定。任何人將一位上師說得如何厲害，那只是他個人的意見，自己仍然要加以觀察，才做最後的決定。

也千祈不可震於一位上師的名頭，便毫不考慮，撲身進門，因為名頭往往靠包裝而來，包裝得愈完美，宣傳得愈廣泛，未必就等於有真材實料，是故對上師必須觀察。

我們也要記住「君子可欺其以方」這句話，千萬不要因為代人吹噓者有身份地位，便以其吹噓是實。阿甲欺阿乙以方，阿乙雖是正人君子，他讚揚阿甲，絕不等於阿甲便有上師的證量。於末法時代，認識這一點尤其重要。是故筆者再三叮囑，有心學密宗的人，一定要觀察上師。

密宗為甚麼准結婚？

密宗行人何以可以結婚？

要回答這個問題，首先必須了解，釋迦為甚麼門下會有出家弟子。弟子「出家」，是先有家然後才談得上出，若根本無家，便不是出家矣。釋迦本人便是一個例子，他為太子時亦娶三妻，生子名羅睺羅，正因為他有這樣一個家，所以當其棄家室而修道，才能稱為出家。

出家的目的，是「出離」，修道的人若仍然受家室牽累，便無法逃避許多困擾，由是有礙修道，此所以佛家主張「出離」。出離其實不只出家，還包括離開世俗牽累的意思在內，若不娶妻卻炒股票，筆者並不覺得這就算出離。

可是釋迦亦不主張凡學佛的人都要出家，倘如是，則佛教徒便都無後裔矣。說得更極端一點，若佛教盛行於一國，則這一國豈不是要亡國絕種？故釋迦設教，亦有「四眾」，四眾者，即是出家的男女，與在家的男女。

然而傳統上，在家的佛教徒對出家的佛教徒加以尊重，那是讚歎他們能夠毅然出離，正如學生尊重苦學的人，如是而已。

因此事情便亦有相反的一面，假如形體出家而心未出家，那麼，這樣的出家人便亦須撫心自問，自己到底值不值得佛教徒特殊尊重。

密宗的最大特色，是由生活起修，所以只須能做到不為俗務困擾精神，便已達到修持的條件。故密宗祖師提出「境來心應，境去心無」，來作為精神修養的指南。若如是，婚姻兒女實亦一境而已，不必一提到他們便特別緊張。

釋迦令弟子聽維摩詰居士說法，聽勝鬘夫人說法，便是明示法要不光在出家人那邊，亦不光在男人那邊。

頭髮並不比法重要

西藏密宗的祖師，有不結婚的，如密勒日巴，終身不娶，可是他的師父麻巴祖師卻有家室。當麻巴令密勒日巴做苦工除障，而不授以一法一咒之時，卻有師母替密勒日巴說項講情，此即為麻巴有妻的明證。

出家人問道於在家的人，此亦為西藏密宗所許。例如甯瑪派的開山祖師蓮花生大士，有六個妻子，可是其二十五大弟子，卻多出家的喇嘛。這便是藏密求師，只問其證德而不問其生活形態的特色。

藏密有四大派，甯瑪派及薩迦派的喇嘛可以結婚，噶舉派及格魯派的喇嘛則不許結婚。有這種規矩，固有其歷史原因，但出家喇嘛卻絕對不會看低在家的喇嘛，這便是西藏佛教徒與漢土佛教徒很大的心態分別。

這種分別心，在香港尤其嚴重。許多能講經說法的居士，只因頭上多幾根頭髮，地位便彷彿低人一等，足見許多人的信仰，只問形相而不問實質。其實目前邪道盛行，假佛教聲勢浩大，正信的佛教徒如果不尊重能講經說法的居士，使正法能普遍宣揚，那便是給分別心害死。結果邪說日漸囂張，使許多有心信仰佛教的人，追隨邪師而猶自以為得隨「名師」（不是「明師」），那才是佛教的致命傷。

筆者很贊成短期出家的制度，這制度能使人體會到出離的樂趣。可是，為甚麼我們卻不可以將密宗行人的閉關，視為短期出家呢？閉關雖不必削髮，短期出家卻要，但難道頂上的幾根頭毛，真的那麼重要 —— 不妨看看釋迦的佛像，釋迦幾時光頭？

所以要研究西藏密宗，如果一味研究頭髮與服飾、老婆與飲食，那便是由自己的成見出發，實無益於問道。

天葬是否太殘忍？

西藏人死後天葬，是不是太過殘忍？

這個問題，其實亦可包括入生活範圍之內，而且跟西藏密宗毫無關係，因為並沒有一個規定，說密宗信徒一定要天葬，天葬只是西藏人的習俗而已。將習俗牽入宗教，往往是誤解宗教的原因，此正如有些人將中國的民間習俗，指為佛教的迷信，十分冤枉。

只能夠這樣說，西藏密宗並不反對天葬，故密宗信徒死後，亦有採用天葬形式者。所以問題應該修改，問曰：「西藏密宗為甚麼不反對天葬？」如是修改方為應理。

天葬是將屍體砍碎，用以飼鷹，故在文明的人類看來，十分殘忍。可是這些文明人卻可以舉箸怡然吃雞髀，吃北京烤鴨、蛇羹、羊肉涮窩。其時他們未知亦有感覺得到，自己是為雞鴨蛇羊作「天葬」否？

人類就是這麼奇怪的動物，怕見到自己同類的屍身，更怕見屍身受毀，可是他們卻以異類的屍身為食，復調之以五味，嚙嚼為樂。

這種心理，便即是分別心，是未能視眾生平等、萬物齊一也。

西藏習俗天葬，本有其地理環境因素，可是受葬者生前，卻亦未嘗無捨身以回報眾生之心，此亦如捨身飼虎、捨身飼餓鷹的佛家故事而已，是為菩提心的發端。

而且，學佛的人不應有所執着，生前尚且要學不執着，是則死後何必還執着於此皮囊的去留形態耶？密宗不反對這種習俗，即是基於此因。

筆者吩咐後人，於筆者死後將之火化，骨灰和麵粉為丸，投入大海，供水族果腹，一了百了。那其實亦是文明一點的天葬，雖不見血，而精神則一也。

說人骨人皮法器

既有天葬之殘忍矣，密宗復有許多法器，用人骨人皮造成，那是否清淨，抑或跟巫術有關？

不錯，密宗的確有一些法器用人骨人皮造成，如主持法會不可少的手鼓，即為人骨人皮所製，又如盛甘露供佛的盛器，即由天靈蓋骨製成，故稱為「顱器」（藏音「嘎巴拉」），復如用處女脛骨製成的簫，專供驅魔法之用，聞者亦必以為恐怖。

然而製法器用的人皮人骨，卻並非可以隨意取用，必為死者生前有此發心，死後將皮骨捐獻，然後才用之為製造法器的材料。

現代人死後有捐腎者，有捐眼角膜者，雖有不少人排拒此舉，認為少一角膜少一腎即非「全屍」，但亦有許多人願意捐贈，這些人的發心，即跟捐皮骨用作法器者相同。倘認為皮骨恐怖，是則又何以不認為腎與角膜恐怖耶？能這樣回心一想，便當泰然。

可是筆者如此解釋，只回答了問題一半，仍未回答密宗為甚麼要用這些法器。

用這些法器的目的，是表示無常。人類最大的痛苦，其實是在追求「常」。希望長生不老，是追求常；銀行有一千幾百萬，一味研究保值，亦是追求常，有此追求是故便多諸煩惱。倘能令人心生警惕，知常實不可得，那便可以增加他們學佛的信心。

昔淨土宗印光法師，於年初一下山訪諸弟子，對人人均贈一「死」字，並非有意觸弟子的霉頭，只是示之以無常之理耳。無常乃釋迦「三法印」之一，不知此理，雖念佛一生亦不等如已為佛門弟子，是故印老慈悲，對弟子加以鞭策。能如是理解，則對密宗法器實不必大驚小怪，視為邪術巫術也。

佛道兩家皆重識見

要認識一個宗教，千萬不可光從表面的事相去認識，必須了解其內涵，否則一切便只是皮相。

研究佛道兩家，尤須如此。筆者對此不妨略為深入來談。

當「特異功能」被吹捧成為「社會現象」之時，筆者的態度很明確，承認有特異功能，但卻認為不應將之弄到成為社會現象，否則必生流弊，而且以史為鑑，縷述歷代異能人引起的禍亂，由東漢黃巾到清末義和團，沒有一次事件有益於人世。

如今大陸有關機構的態度，雖未必是採納筆者的意見，但其處理手法，卻正合筆者的意思。「氣功」書籍選其優者陸續出版，可是卻不承認「大師」名銜，同時不鼓勵用「外氣」治病，那就是「覺今是而昨非」了。這種做法才是對異能人的真正愛護，才能納佛道兩家的修持法門於正軌。

筆者重提舊事，是想藉此說明，佛道兩家的修持，必須以識見為基礎耳。同樣修持，有識見與無識見，效果截然不同，古人喜歡用「邪正」來作分別，這樣分別，可能用字眼用得有點過份，然而亦離事實不遠。

筆者於重讀道家南宗祖師張紫陽真人的《悟真篇》時，注意到張紫陽的理論，覺得跟西藏密宗實有相似之處，因而對識見問題便領悟更深。當年讀《悟真篇》竟未能領悟南宗的精髓，只一味注意到他的功法，如今思之，真同夢夢。

關於張紫陽的理論，下文續談。

且說張紫陽的丹法

民間奉為「八仙」中的三仙 —— 張果、鍾離權、呂洞賓，其實都是當時的內丹家，世傳種種仙法，即是他們由修內丹所起的特異功能。可是儘管他們被奉為仙，但他們卻都未能開宗立派。首先開宗的內丹家，為北宋的紫陽真人張伯端，所開為南宗。道家北宗，以及東西二派，均稱得呂洞賓真傳，然而無論如何，呂洞賓自己實未開宗立派。

為甚麼張紫陽可以開宗，且其《悟真篇》竟為歷代道家奉為正宗，無人加以辯駁呢？主要原因，是張紫陽能提出「性命雙修」這一重要觀點。後世宗派繁衍，功能互有異同，而且彼此是非，可是卻無一宗派不接受性命雙修這觀點，此即張紫陽之所以成為一代宗師也。

粗淺一點來說，「性」即是精神，「命」即是形體，故性命雙修也可以理解為「形神雙修」。乍聽起來，可能覺得這觀點沒有甚麼特別，但筆者相信，許多將道家修持當成「氣功」來練的人，其缺失恐怕亦正在於此。

張紫陽其實已鄭重告誡後人：「此恐學道之人不通性理，獨修金丹，如此既性命之道未修，則運心不普，物我難齊，又焉能究竟圓通，迴超三界。」這即是強調只修金丹者之非，蓋修金丹只是修命，未修性也。

如何修性，張紫陽提出「心為君」的說法。他以心為道的本體，道為心的功能，是故當心發揮功能之時，便可主宰萬物。這一點，張紫陽可能是受到當時佛家唯識學的影響，唯識家以法界萬象均由心識變現，張紫陽只是稍變其說法。

因此張紫陽的內丹法，視精氣神為一體，並不裂為三分，後來西派的修煉，即很強調此點，認為將精氣神分割來修持的丹派，並非正宗。

「心君」與「唯識」

張紫陽的「心君」、佛家唯識宗的「萬法唯識」，並不是空泛的理論，此中實蘊藏很精緻的修持法門。南宗丹法以心君為基礎，西藏密宗的修持，亦依唯識見而建立。所以若忘記了理論，但問修持，在道家便只是術士，在佛家便只是咒師，層次絕對不高。

先談心君。張紫陽以心統率精氣神，因此於修性的同時，即是修命（修心便是修精氣神），相反，於修命的同時，亦是修性（修精氣神便是修心）。倘如只注重精氣神的修煉，那便是只修心的功能，卻忘記了心的本體，由是便生流弊。

強調特異功能的「氣功」，所欠缺的便是心性的修煉，因此「物我難齊」，不肯用平常心去看待煉功過程的副產品，是故便不肯「還虛」。這種修煉，道家一向視為旁門左道。

筆者先前談到，修持以識見為要，便是這個意思。因此筆者很擔心那些異能人終有走火入魔的一日，倘若到了自家生病還要替人醫病，只憑一口丹田氣勉強抖擻精神之時，他們便會悔之已晚，那時才明白到「心君」以普萬物的重要性，可能已經太遲。

至於密宗的修持，亦必須明白「萬法唯識」的道理，知道宇宙種種現象皆由心識變現，然後才能進行「觀想」，才能清淨自己的八識。倘若不知此意，但依法力咒力，雖具異能，亦終歸無用。若一味妄用法咒，最後亦必入魔道。這也是識見問題而已。若識見正者，許多修持上的事相功夫，即不為世俗理解，亦無所謂。例如密宗之修本尊生起，倘以為迷信，那便只是皮相密法，不知其精要之所在。但最怕的是，連修行人自己也落於皮相的層次，那便無藥可救。

凡法必有法義

西藏密宗的修持法門，若不依唯識為理論根據者，則必依中觀的理論。所以辨別藏密法本的真偽，其實亦很簡單，倘法本不具唯識見，亦不具中觀見者，則必偽無疑。

如今是末法時代，有些人既冒充為密宗上師，於是便索性自編法本。這些人編法本時，可能已取得一些藍本，以為照樣套入便必無錯誤，誰知不然，不明密法而妄行套入，往往一套便錯，是知盜法亦實在不易也。

然而初入密乘的人，對法本理解不深，甚至有些人亦根本不懂唯識、不知中觀，所以面對錯誤百出的所謂法本，亦心不知其漏洞何在，因此編法本的人便可以過關。

學密宗難，便難在這些地方。老實說，學佛教其他宗派，只要研讀本宗的經論，也就可以了，可是學西藏密宗，除了本宗的經論之外，還要讀唯識與中觀的經論，然後對密法才能有正確認識，對現代人來說，真有如百上加斤，無怪許多人便以得一咒一法為滿足，卻絲毫不知此咒此法的依據，由是假密宗便得以橫行天下。

釋迦雖言「咒力不可思議」，但卻並非說任何人念咒都有不可思議之力，蓋念咒亦有法門，其法門便正以唯識作為依據，若不知法門，依樣持咒，那便與巫師無異，根本得不到益處。

如今的人講現實，凡持咒，只喜歡黃財神咒、長壽佛咒、藥師佛咒，用以求財、求壽、求健康。倘但持咒即有效應，那豈不是很便宜的事，念三條咒，每日花不了半小時，便健康長壽而且有錢，可謂付出甚少，收穫甚大。世間焉有如此便宜的事？

若知凡法均有法義，便知一切事相功夫，只如鏡花水月，跟學佛完全沾不上邊，如是即不致為偽師所愚。

第四章　密宗次第

第四章 密宗次第

由「判教」説密宗

由本篇起，筆者準備正説密宗。蓋答問的目的無非在於破疑，然而疑難縱去，亦未必能對密宗有較深的了解，故仍以正説為宜也。

欲正説密宗，可謂千頭萬緒，不知從何説起，然而佛家一向重視判教，因此筆者亦打算由密宗的判教説起。首先得了解甚麼是判教？

判教也者，即是依釋迦所説的經典，以及依其所傳的教法，一一加以判別，分為一個一個時期，同時確立每一時期的教法特點，從而確立本宗的位置。

我國盛行的判教，有天台華嚴兩宗，二者比較，天台的判教比較通行。可是凡談及判教，一定引起爭論，例如華嚴宗即不以天台判教為然，天台宗亦不服華嚴的判教，兩宗爭論幾百年，至今仍未有定論。

所以依判教來談密宗，亦有缺點，那就是容易為外宗否認，假如要辯駁的話，駁十年八年乃是常事，因此筆者首先聲明，自己只是依密宗的説法，如實介紹而已，文字儘量做到如實及客觀，不加個人意見，因此便等於掛起免戰牌，不跟各宗討論是非 —— 必須如此做的原因，是這種辯論永遠沒有結論，因為各宗都有自己的哲理做根據，這些哲理都經過幾百年的建立，宗宗都有一個完整的系統，要辯論，大量抄書而已，無甚意思。

坦白說，本來不想用判教這敏感的話題來正說密宗，然而經過足足兩個月的思量，終於決定還是由判教入手，明知既難且多事，亦要一試，因為除此之外實難以介紹得清楚也。既已將免戰牌掛起，希望這做法不會引起是非。

一切法都殊勝

筆者謂判教不應引起爭論，實在秉承藏密格魯派祖師宗喀巴大士的做法。他著《菩提道次第廣論》，一開頭便說，佛所說的一切法都殊勝，因為目的都在教眾生成佛，然而眾生各各根器不同，故佛的說法才有差別而已。

聲明一切法殊勝，即無是此非彼之心，因此他接着判上中下三士道，即使被判為下士者，亦不應有瞋恚心。同時西藏密宗雖作判教，可是並不是高判者至高無上，對低判者不屑一顧。例如守「十善」者入低判，行「六波羅蜜多」者屬高判，但並不等於說，自己行六波羅蜜多就不必守十善。故判教僅分層次，本來絕無是非之心。

筆者絮絮叨叨，實在是感到爭論之可怕，故在此再三致意。

藏密判教，先分一切法門為「世間」及「出世間」兩大類。

照密宗觀點，只有佛法才是出世間法，其餘教法都不是，若以佛教為「內」，則其餘一切宗教皆屬「外道」。內外只是一個分別，千萬不可以為「外道」即等於邪道。

世間法有「人乘」、「天乘」及「外道乘」三者，前二乘尚為佛法所許，若「外道乘」，佛教徒即不應修學。

出世間法則有九乘：共者三乘、不共者六乘。名目繁多，筆者將於以後一一的介紹及解說。

但有一個概念卻須先予介紹，藏密以共者三乘指顯教，即密宗以外的大小乘佛教；不共者則專指密宗。又視顯教為「因乘」，密宗則為「果乘」，因為修顯教只得成佛的因，而修密宗則可即身成佛，得到成佛的果。關於這個觀點，顯教中人一向很反感，甚至因此質問密宗，成的是甚麼佛。

說人乘與天乘

密宗判教，分世間與出世間兩大類別，而世間法則分外道與人天乘，本文對此加以詳談。

照密宗的說法，凡能守五戒者，則為「人乘」，因為五戒可保證輪迴後再得人身。五戒者 —— 一不殺生，二不偷盜，三不邪淫，四不妄語，五不飲酒。

凡能守十善者，即能生天，十善分身語意三支，屬於身者，不殺生、不偷盜、不邪淫共三；屬於語者，不妄語、不綺語、不兩舌、不惡口共四；屬於意者，不貪、不瞋、不邪見共三，合為十支。凡能守十善，死後可得生天，或生阿修羅道（惡天）。

除上述人天兩乘之外，其餘法門皆為外道，故不應信，密宗視其觀點皆屬顛倒。

上述判教，全依密宗觀點，不過筆者卻覺得應該有點補充。

佛教以外的宗教，其實亦屬「天乘」，如猶太教、伊斯蘭教、印度教，以至道教皆是。猶太教最尊為耶和華，伊斯蘭教則稱為真神阿拉，印度教的婆羅摩、維修奴、濕婆三大神，皆信徒死後所皈依者，其非天乘為何？至於道教的神仙思想，成仙即由玉帝統轄，雖曰大羅金仙真身不壞，亦不妨以天乘視之。

因此筆者很不主張將上述的宗教視為「顛倒」，蓋其層次既與佛家所許的天乘一致，則不妨亦判其為天乘，無須判之為顛倒外道也。世間固有顛倒外道，以膚淺的哲理吸引信眾，妄自攀附道釋兩家，又或以放縱為教義，又或歪曲正統宗教的教義，凡此皆與屬世間法的宗教不同也。

修人天乘者，雖生天亦不能避免輪迴，故天人亦為六道眾生之一，佛家視之為世間法，世間者，以其不能脫離六道輪迴也。

道家何以屬於「天乘」

藏密判一些正統宗教為「天乘」，除道家外，應無問題，因為他們的信徒的確以祈求生天為目的，可是道家則有別說。

道家一些宗派，特別是「伍柳派」，高唱仙佛合宗，因此自言所修乃解脫道，以「煉神還虛」一着，即是解脫，且譏佛家不知真解脫，不知「屍解」，不及道家修持能得究竟，因此若判其為「天乘」，則心生諍論。

筆者早年習道家西派，師說亦言解脫，謂得成天仙即可跳出三界，故亦不輪迴，是則亦不以「天乘」為究竟道也。

但若明佛法者，則必認為道家仍屬天乘。理由有二 ——

第一，仙佛合修之說，蓋屬晚出，早出的經典無言解脫者，亦無言出三界者，故此種說法，實非道家本旨，只是當佛典流通既廣之後，晚出的道家對佛典既加採納，又復淺解其旨，然後始以「還虛」為解脫道。而最主張此說的柳華陽，卻又為正統道家視為旁門，可見道家其實無佛家解脫之說。

第二，佛家不立「自我」，而道家則堅持「自我」，這是兩家觀點的最大不同。因此佛家之「真如法界」，實不同道家還虛的境界。於真如法界無自我可立，佛性即是法界體性，因此與能齊萬物不同，若道家齊物，所齊者仍是世間萬物，且有一個齊萬物的自我中心，故層次不同。

佛家判天乘非究竟道，仍屬世間法，而道家則以成仙已屬究竟，已能出世間，這是兩家諍論最大的地方。其實諍論一言可決 —— 雖「伍柳派」亦未否定玉帝的地位，是以玉帝為虛空法界的主宰，既立主宰，如何能齊萬物耶？最少也齊剩一個玉帝，因為能齊即非主宰。故仍以判道家屬天乘為宜。

大乘是否佛說？

密宗判出世間法為「共」、「不共」兩乘，共也者，即與其他佛教宗派相同之謂，不共也者，即唯密宗所獨有。

先談共乘，依密宗觀點，可分為三 —— 一者聲聞乘，二者緣覺乘，三者菩薩乘。前二者屬小乘，後者屬大乘。以大乘為勝，小乘為劣。

何以小乘為劣？許多學佛的人對此未嘗沒有諍論，如有些喜歡小乘的人，往往謂大乘非佛說，因為其初於結集經典時，所結集屬小乘的經，而《大般若經》則謂龍樹菩薩取自龍宮，出處未嘗無疑。既然小乘經典為釋迦所說，來源確實，故對判小乘為劣，自然有諍。

對大乘非佛說的意見，大乘自然以之為非，密乘視所傳的法乃出自佛的密意，故小乘羅漢自然不會結集此種經典，而大乘顯教的人，或謂取自龍宮其實是取自龍族，或謂無論如何均是佛意，故不應對其來源有所懷疑，此即是大乘的辯解。

再看唯識宗的來源，據傳乃無着菩薩於定中聞彌勒菩薩說法，於出定時加以記錄整理，這說法小乘行人亦有懷疑，其懷疑自亦不為唯識宗的人承認。

若照筆者的看法，不妨將般若經論視為龍樹菩薩對佛學的發展，而唯識則為無着菩薩對佛學的發展，不必一定視之為釋迦佛或未來佛彌勒親口所說，如是則一切辯解都不須要。

筆者這看法，一定很多人不以為然，因為佛教一向強調，要佛說的才是正法，這種強調，在從前很有理由，因為東方文化一向以古為尊，後人雖有新意亦必託古，試看儒道兩家許多經籍皆有此種情形，是則無怪佛家非強調佛說不可。但如今時代已經不同，故但問一種哲理是否精闢，實不必問為何人所說也。先說明這點，再分析何以小乘為劣。

聲聞與緣覺

聲聞與緣覺二乘同屬小乘，唯修持則不同，聲聞乘修四諦，緣覺乘則修十二因緣。因修持不同，故所得之果亦不同。

四諦者，苦諦、集諦、滅諦與道諦。先須知眾生皆苦，輪廻是苦，然後須知造成苦的原因，乃因有此五蘊積集而成之身，由身口意造成種種業力，此業力即由思想與行為集起而成。由是便應修道，而求還滅，取得涅槃，得阿羅漢等果。

緣覺乘則依十二因緣而修。十二因緣以無明為因，有此無明，便因此成為輪廻的根本，此乘行人依次起修，由是能斷無明，證得涅槃，得辟支佛果。

此二乘雖同屬小乘，卻有分別，比較起來以緣覺較勝，因聲聞乘須於佛出世時，聞佛聲教，然後始知如何修行，而緣覺乘則可籍法理而證果，不必聞佛親教。

再者，聲聞行人無有悲心，喻之如鹿，唯見自身，雖子女亦不顧念，而緣覺乘則如羊，猶知顧念子女，故悲心便勝聲聞。

此二乘能脫生死，故勝人天乘，但卻較大乘為劣，何則？依密宗的說法，其境、行、果皆不及大乘。今且略言之——

以境言，大乘能依阿賴耶識本體，故通萬法唯識之理；以行言，大乘行人能修六波羅蜜多，得無分別智，而小乘行人則仍有法執在。故在果位上，大乘行人能證無餘涅槃，而小乘則不能。

道家鍾離權（即漢鍾離）謂佛家僅知修定，不能起用，故佛家不及道家，此批評小乘阿羅漢尚勉強可以，若用以批評能起神通的緣覺乘行人已不適合，更不能用以批評菩薩乘及密乘，此即大乘較小乘為勝之證。

顯密交諍實非所宜

要比較詳細說明的，是密乘所判「不共乘」。所謂「不共」，乃指與顯教不同而言。照密乘的觀點，自然說密乘比顯教為殊勝，而顯教行人則謂密宗乃不純的佛教，因為其中有吸收婆羅門教儀軌之處。

筆者一向不主張在這問題上作爭論，因為如果說對外吸收即是不純，那麼，釋迦當年其實亦有吸收一些印度哲學流派之處，現代研究印度哲學的人對此已多論及。若謂佛教徒只應恪遵釋迦教法，不能有所發展，是則禪宗何以又重「祖師禪」而棄「如來禪」耶？甚至天台華嚴兩家，亦只是據《法華》、《華嚴》兩經發揮其玄義耳，其所發揮，未見印度經論有明文也。

因此斥密乘為不純，實在很站不住腳，即使唯識家雖有印度經論作根據，不同於天台華嚴，亦不宜視密宗為不純，因為唯識建立「三分」、「四分」之類的爭論，我們可以說，諸說之中一定有非佛密意的說法，因為若立「三分」，則「四分」必然「不純」，反之亦如是，是故與其排斥密宗，倒不如去理解密宗。

密宗儀軌無一不有佛學根據，若不依唯識，即依中觀，學密的行人亦必通此兩種學說，故若對密宗儀軌不作了解，只據其表面形式即斥為不純，一爭論，恐怕徒然令有意學佛的人失去信心耳，甚無益也。

密乘行人最犯顯教大忌之處，是認為修密可以即身成佛，而修顯宗者卻須經三無量劫後成佛，因此顯教中人便亦駁曰：密乘成的是甚麼佛？且引天台宗的「六即佛」，譏其成就的層次甚低。筆者認為，這種爭論於末法時期實不宜提倡，各宗實應同心協力破邪顯正，始為當急之務，不如認為凡合如來三法印者即是正法。

密宗分六，次第井然

密乘判顯教為「不共」，稱之為「般若乘」，以示與自宗「金剛乘」有所區別，乃取義於「金剛」無堅不摧。又立顯教為「因乘」，即僅能得成佛之因，而自宗則為「果乘」，蓋可得成佛之果（即修密宗者可即身成佛），此語其實亦不應太過犯忌，是亦猶禪宗之當下見性，而視顯教餘宗為不能耳，可是卻未見顯教各宗羣起攻訐禪宗，這裏頭，恐怕有點種族歧視的成見在內，因為禪宗有位六祖慧能，而密宗祖師則皆非漢人。

其實密宗不異禪宗，密宗最高層次，到修「大圓滿」的最後階段，便完全強調見性，完全與禪宗相同。禪密兩宗的分別，只在於前者無前行次第，要「一超直入」，而密宗則建立種種次第以為前行耳。

密宗次第共分為六，外三，內三。屬外密者，為事乘、行乘、瑜伽乘；屬內密者，為生起次第（摩訶瑜伽）；圓滿次第（阿努瑜伽）；大圓滿（阿底瑜伽）。

六乘雖分內外，其實前五乘皆可視為大圓滿的前行。甚至大圓滿又可分三部 —— 心部、界部、口訣部；而口訣部又分外、內、密、無上四部，到了「大圓滿口訣部之無上部」這一階段，然後才得究竟，才與禪宗一致。

因此我們不妨細數，以五乘為前行之外，還要經過大三部、小四部的修持，次第井然，而且絕不能躐等，直到最後階段然後才與禪宗相等，是則攻訐密乘者便應該心平氣和，不必一味誹謗「成甚麼佛」矣。

倘如要否定密乘，恐怕便要同時否定禪宗，若不然，便失去持平。顯教偶有否定禪宗者，但絕非主流，不似一提起密乘，顯教中人立時便嗤之以鼻。筆者詳言密乘判教，希望可以因此止諍。

「下士」只是搏個機會

西藏密宗的「九乘次第」，一般人可能覺得枯燥，然而卻是無法的事，雖枯燥亦必須了解，不然的話，修密宗便等同修巫術，徒然作業，輪轉更深，那倒不如不去學佛。

筆者試一試用比較淺近的說法，將「九乘」概念再整理一次。那是根據宗喀巴大士《菩提道次第廣論》的概念 —— 順便說一句，宗喀巴大士這本論，學密宗的人，無論屬於那一教派，都非讀不可，有些地方而且要精讀，讀過本論，便不會走入邪道。

宗喀巴大士將學佛的人列為「三士」，即下士、中士、上士。

一般世間法，只注重眼前光景，求妻財子祿，都只流連眼前風光，這種人，不可能學佛法，他們也許肯捐錢奉獻，肯拜祀祈求，然而所作所為實離佛法千萬里遠。他們即使相信輪迴，但卻以行善來希望得到來生快樂，即是說，今生的作為，目的是求今生與他生的利益。這種做法，充其量只能算作是「人乘」或「天乘」，非解脫道。

要學佛，至少要生「出離心」。但出離十分不易，人在社會有千絲萬縷的關係，不容易捨棄，因此實在很難出離。

故佛亦說人天乘之道，但卻絕不鼓勵信徒沉溺於人天福報。談人天乘，無非是使信徒得到心理改造，使能知輪迴之苦，至少也樂於出離。因此宗喀巴大士的「下士道」，其作用即是使學人有把握往生善趣，不入地獄餓鬼畜生三途，則他生至少還有修習佛法的機會。

因為只能搏得一個機會，並非今生就求解脫，斯所以為「下士」也。

能出離即是「中士」

「中士道」的全部作用，說起來很簡單，無非令人「出離」。雖簡單，卻為難，是故宗喀巴大士在《菩提道次第廣論》中，用很大篇幅來說此道。

「出離」也者，並非只是厭離塵世，如果光是這樣倒容易辦，許多人遭逢不幸，厭世之心每油然而起，若這樣便算出離，那麼，滿街便都是「中士」了。

真正的出離，首先要知「諸法無我，諸行無常」的道理。「無我」尤其重要，倘執有「我」，則雖然出離塵世，亦不能出離三界（欲界、色界、無色界）。

世間許多宗教，求永生、求贖罪、求成仙、求得生天，至高也只是出離此塵世耳，他們修持的目的，境界依然在三界之內。跳不出三界，便是因為無法放下「自我」這個標籤。

佛家以外，以道家的境界為最高，筆者也曾修道家，勤讀道典，因此絕對不會貶低道家，只是道家雖然可以「跳出三界外，不在五行中」，問題卻正在於依然有「自我」的意念，甚至可以說，對「自我」的執着比世間一般宗教還要深，這就使他始終無法出離，亦無法解除業力的纏縛。明乎此，便知「中士道」實非易行道也。

能知真正的出離，才談得上學佛，故前賢每云：「出家是大丈夫事」。如果平實而言，其實應該說「出離是大丈夫事」，蓋若出家而依然有一個「自我」，是依然下士耳，不是大丈夫。

學佛有兩途，一為但求個人解脫的小乘，一為個人解脫後尚解脫他人的大乘，是即中士與上士之別，這就牽涉到下文談及的菩提心。

「上士」唯具菩提心

宗喀巴大士以「出離心」來判下士中士，這個概念非常重要，若不具出離心，則雖學佛亦不等於入佛知見，無非掛個名而已。

因此光念咒不等於學佛，光念經亦不等於學佛，光持佛的名號更不等於學佛，可以說，只是種下學佛的因。能稱為學佛的人，必須具備出離三界的意樂，而且能放下「自我」的執着，很難很難。不過難亦要做到，蓋世間別無法門，可以令人脫離三界輪迴的苦海。

小乘行人能出離，因修四諦、修十二因緣，由是而得個人的解脫，斯為中士也矣，其與上士之別，則是宗喀巴大士提出的第二個原則 —— 菩提心。

菩提心有兩種成份，一種是悲，一種是智。因感三界眾生的痛苦，於是發願，使一切眾生也跟自己一樣，能出離三界而得解脫，這種願心即是悲心；然而要靠甚麼手段來解脫眾生呢？便要靠出世間的智慧，即是「般若」。在西藏密宗，則用種種般若法門的「中觀見」。這種見地，由龍樹菩薩發揚，由月稱菩薩光大，已成為藏密的基本理論。

若能發菩提心，而且學佛，則其人已屬「上士」。餘下的問題只是：「上士」學佛應如何學？這則為「上士道」矣。

宗喀巴大士回答這問題，只教上士修「止觀」，在《菩提道次第廣論》中，亦以教修「止觀」為論中最重要部份，然而亦是最難讀部份。

在論中，宗喀巴大士提出修「止觀」的具體方法，筆者可以說，修密宗其實即是修止觀而已，明白這點，對修持密法有很大的幫助，否則愈學愈多法執，由法執又輾轉生我執，自我於心中極端膨脹，那就大失學密的宗旨，是復淪為下士。

修密只是修「止觀」

甚麼叫做「止觀」？

簡單來說，這只是修心的法門。行者能將萬物與自己的一心融會，即是「止」；又能將自己的一心擴展為萬象，即是「觀」。

筆者這樣解釋，似乎很玄，然而每個人其實都有這樣的生活經驗。

我們說「心心相印」，這其實便已經是「止」的境界，只不過其「止」僅限於「心心」，而非心與法界萬物而已。

密宗修本尊，其實即是將本尊作為整個法界的表徵，由此引導修行人能夠「印心」。初步與本尊「相印」，再擴展而為與宇宙萬物「相印」，那便是修「止」。

宗喀巴大士提出修「止」的原理，根據「唯識」，但卻是經中觀見抉擇的唯識，並不接受全部唯識理論。

我們說「如在目前」，這其實已經是「觀」的境界。明明不在眼前的現象，我們覺得它在眼前，但此亦不過屬於一境，而非法界的萬象耳。

密宗修本尊，要觀想本尊壇城，即是「止」的初步修習，一步一步依教授觀想下去，就自然能以一心擴展為法界。那時候，整個法界便有如一個壇城。

宗喀巴大士再提出修「觀」，純依中觀學派的理論。理論很複雜，非三言兩語可以表達，但筆者卻想提出一個重點——

中觀家不但不承認萬法有自性，而且不許其自相成立，只承認萬法的功能。

這是一個很重要的概念，所以當一心擴展為萬法之時，不但要認識萬法的自性為空，而且要認識萬法的相狀亦為空。這即是修「觀」的中心概念，能明此，讀《廣論》就比較會容易一些。

「三士道」與「九乘次第」比較

宗喀巴大士判「三士道」，跟甯瑪派的「九乘次第」，原則上並無分別，只不過「九乘次第」並沒有提出「出離心」與「菩提心」及「中觀見」三個原則 —— 至少是沒有明確地提出，故二者比較，可謂各有特色，大士並不是完全抄襲舊說。

「九乘次第」的顯密兩乘，皆可攝於「上士道」內，然而顯乘許多教派，實不盡以「中觀見」為抉擇，所以「上士道」亦分「共」與「不共」，共者，因只用「菩提心」來判別，故連一切顯教宗派皆統攝在內，而「不共」者則為密乘，以「中觀見」為正見。

或曰，宗喀巴大士提出的「止觀」，修「止」部份亦用「唯識」，何以獨標榜「中觀」耶？

這則是因為修密至最高層次時，例如格魯派的「大手印」，絕對用「中觀見」作為抉擇，所以可以說，雖用「唯識」修止，但其究竟則是「中觀」，故宗喀巴乃獨提出「中觀見」作為正見。

因此，格魯派的「大手印」，修至最高層次，便始終與禪宗有所不同，且亦與噶舉派所傳稍異，「中觀」雖屬空宗，但到底跟禪宗有分別，禪宗不立一法，即其修持並不立一種理論作為基礎，是則與「大手印」之執「中觀見」，仍有一塵之隔。

甯瑪派的「九乘次第」則不然，其「大圓滿」之「口訣部」又分四部，外、內、密、密密。

至「密密」時，能當下即證正智本來光明，亦不執於一法，是則與禪宗的意趣可謂相同。此即「九乘次第」優於「三士道」之處。

因此我們可以這樣了解：「三士道」的殊勝，在於能統攝一切修持法門，特重「止觀」，而「九乘次第」的優點，則在於其至高層次時，當下即明心見性。

關於「即身成佛」

談到「九乘次第」與「三士道」，因偏於理論，故讀者可能生悶，不過這也是沒有辦法的事，如果不加以介紹，便始終無法窺知密乘的全貌。

密宗行人強調「即身成佛」，許多顯教行人不服，認為只能說是「發心成佛」而已，層次甚低，有些喜歡詆毀密宗的人，則更輕薄地問：「成的是甚麼佛？」於是便拿着密宗的「雙身法」來做文章，說是印度教的「性力派」云云，十分之不服氣。

在過往，這種做法還可以視之為教派間的評論，無傷大雅，可是時至今日，偽法已橫行天下，偽密宗尤甚，倘如顯教中人依然如是態度，孤立密宗，而不是共同鼎力抗邪扶正，真可謂對整個佛教十分無益。

筆者已經解釋過，甯瑪派的「阿底瑜伽」口訣部之「密密」，已全同禪宗，禪宗亦強調即身解脫，是則何必還要毀密尊禪呢？倘只為此而各懷心病，端的無謂。

而且，密宗雖高唱即身成佛之理，亦未說凡修密的人都可即身成佛，有如世間法云，讀書可以成博士，但卻並非說一捧教科書在手，立刻可以保證拿博士學位，能這樣回心一想，就應該不會討厭密宗矣。

密乘行人亦應該自我檢點，密法雖殊勝，並不等於便高於一切，視其他的教派如無物。筆者自己，絕不排斥顯教，甚至屢屢說，與其盲目修「難行道」的密宗，不知如何抉擇師資，倒不如修「易行道」的淨土，反而安全。這雖是針對目前環境提出的意見，卻亦足見筆者的態度。

關於「即身成佛」，筆者已表明其觀點乃如是，希望顯教中人能夠理解，而修密的人尤須理解。

且了解點「中觀」

於談西藏密宗的尾聲，筆者覺得，應該還略為談點「中觀」。蓋藏密以「中觀」為理論基礎，若於此一無所知，徒然修法念咒，那便墮於事相而未能通達行事之理。

要談中觀，最好莫如介紹龍樹菩薩的一首偈——

「佛說空緣起，中道為一義。敬禮佛世尊，無比最勝說。」

這首偈如果重加標點，那就更容易了解：佛說「空」、「緣起」及「中道」為一義。

讀者不要將這話視為等閒，其實全部佛法大義已統攝在內，難怪龍樹稱之為「無比最勝說」，並因此「敬禮佛世尊」。

先談「緣起」。佛家認為，世間一切事物都依條件而生起，亦依條件而存在。故一切事物（包括人）的生存，都受種種關係的限制。這些條件及關係，佛家稱之為「緣」，由「緣」生「起」，是名「緣起」。

然而佛於說緣起法之外，又復談「空」。空並不是「沒有」，許多人有此誤解，便斥佛家為消極，斥佛家為虛無。其實佛所說的空，是離有無二邊而言，非有，亦非無。

說非有亦非無，這境界似乎很玄，然而這正是佛所自證的境界，本來便是難以言說，但為了說法，難說亦得說，因此便唯有假借世間的名言，強名之為「空」。

藏密許多法門，目的便是要行者能體會到「空」的境界。有許多境界，要親身體驗，例如「味道」，這境界便非親嚐不可，如若不然，始終不知味道如何，更遑論下價值判斷，謂之為好為壞矣。

所以修密宗而不知觀空之理，又或者樂於修法念咒而不耐心觀空，那便根本毫無所得，結果便反為事相誤盡一生。佛不談靈異，不樂神通，即是為此。

修密法須知「緣起性空」

佛既說「緣起」，又談「空性」，看起來似乎是說兩種理論，然而龍樹菩薩卻認為不是，二者實二而一，故曰「為一義」── 即同一意趣。他復有一偈云 ──

「因緣所生法，我說即是空，是名為假名，亦名中道義。」

這偈與前引偈同義，不過說得更清楚一點，因緣所生的事物（法）說為「空」，「空」其實只是一個假名，它是不落於常，亦不落於斷；既非是有、亦不是無的「中道」。由此引伸，便知「緣起」、「空」、「中道」實是同一道理的三個表達名相。

然而何以「緣起」說為是「空」呢？那就要由觀修中的層層超越來理解。因為緣起可以超越，當現證超越時，便可以將被超越的那重緣起說名為空了。

這個問題，修密的人一定要了解，因為密宗一切儀軌，只是一步一步引導行者去親身體驗這問題的答案。修法要觀想本尊，修持要觀氣脈明點，一切所觀，皆因緣所生法，連相狀都非真實，但不真卻亦不假，因為有其真實的作用，由是便體會到諸法的空性實相。

所以要檢查密宗上師的真偽，很簡單，只須用「緣起性空」四個字去鑑別，若不說「緣起」，亦不言「性空」，其教法落於常邊或斷邊、有邊或無邊者，則那法軌便一定有問題。明乎此，便知甚麼明王敬愛法、求偶秘法等，甚有問題。

密宗最重修「般若」

學習「中觀」，有一部很重要的論——《入中論》，為月稱菩薩所造，稱為「入中」，即意在將人導入「中觀」。此論於民初方由法尊法師自藏文譯出，故在漢地實流通未久。

《入中論》的結論很簡單，只說菩薩的「十地」（十個層次），由一地至十地如何修持。但月稱此論，目的其實只在細說六地，即「現前地」，全論精華即集中於此，花的篇幅亦最多。

為甚麼月稱菩薩特別重視第六地呢？因為一至五地，只是「事」而非「理」，即只重行為而不必管到道理；第六地的修持法門是「般若波羅蜜多」，由此才涉及「理」，而且涉及出世法的智慧，經此修持，然後才可進入第七至第十地，這四地，則是「理」而非「事」，即是脫離事相而對法理作深入的認知及體會。因此也可以說，第六地是一道木橋，將行者由事邊過渡到理邊，這道橋的橋板，便是對般若的勝解。能得般若智，便可進入七地而至十地，若不能知，至五地便已止步。

西藏密宗的全部修持，便與《入中論》十分配合，由事相進入到理趣，中間以修般若為過渡。但現在傳密宗的人卻有一個危險的傾向，便是太過重視事相，一味強調自己所傳的法如何殊勝，卻未強調密法的理趣，亦未談般若波羅蜜多的修習，連許多西藏上師皆屬如此，以至許多人以為一經灌頂即有莫大功德，識十條咒八條咒就了不起，視顯教經論如同無物，這便完全失去「中道」的意趣。若更利用密法來作許多惡業，那便增加輪迴的業因，更遑論「即身成佛」也矣。修「般若」只是對空性的體現，但說來容易做來難，修密法必能知此意然後有益。然而連「空」也是個假名，「般若」何嘗易體會也。

此外，在甚深層次的密法觀修，則還須知道如來藏。如來藏即是深般若，亦即文殊師利不二法門的不二，但關於這些，由於有甚深密意，所以這裡不能細說，讀者只要知道，甚深般若波羅蜜多即是如來藏，暫時也就夠了。

舉一個「儀軌」為例

筆者一再說，學密法必須通達「中觀」，否則若只樂於一法一咒，便反而墮於事相邊，結果只是「喃巫佬」，而且對解脫反而有害。如今且舉一個例子來說明 ——

台灣有人，將甯瑪派的「金剛薩埵超度法」加以改編，此法原收於《大幻化網導引法》，乃法王敦珠甯波車所傳，由法王的傳承弟子劉銳之譯出，十分完整。如何「改編」呢？

改編者先改關於觀想金剛薩埵部份，然後又加上「阿彌陀佛咒」以及「往生咒」，在他來說，一定以為念藏文譯音來觀想，很有密宗的味道；阿彌陀佛可接引亡者生西方淨土，往生咒能導亡魂往生，加上去必然無誤矣，誰知卻改到變成大錯。

先談觀想，「讓格以結哦白得登級燈，喇嘛多傑森巴根頓噶......」，你去觀金剛薩埵的樣子吧！漢人修法，卻去念藏音，慘過用「唐字音英語」入移民局。而且度亡法的金剛薩埵，他又改成下三部密的觀法，不倫不類之極。

全部度亡法，要點在於「觀空」，由此引亡者走上解脫之路，是即「般若智」也。一加上阿彌陀佛的咒，引亡者去淨土，又加「往生咒」，引亡者去人界天界，那就叫做亂指一通，閣下教子，叫他讀書，又叫他做工，還叫他去競選議員，結果令郎一定團團轉，最後離家出走算數，因為方向不明，壓力太大。

這便是完全不明理趣，但以事相為重的儀軌，味精醬油一齊下，事則多矣，卻實不明烹飪之理。好好一個儀軌，會變成這個樣子，難怪密宗出現危機。

筆者舉此實例，必然會開罪人，其實筆者亦對事而非對人也，亂七八糟的儀軌，豈僅此一本哉。

關於神通的故事

密宗有許多故事，跡近神話，是否真實呢？

這個問題問得很科學，現代人學過一點科學之後，便事事要拿現代的科學知識來分析，因此對許多事便懷疑其真實性，難怪有此一問。筆者可以答曰：「真實。」

密宗最令人懷疑的是神通，許多故事，例如蓮花大士入藏之初，用神通來降伏苯教的巫師，其故事便有如鬥法，有點科學頭腦的人，或許不信，但當時西藏人卻肯認之為事實，記載在歷史上，如果只是宗教宣傳，為甚麼又不見有苯教徒出來將之「踢爆」？苯教即是黑教，如今在歐美還有黑教的上師在傳法，未見他們對蓮花生說過半句不是，所以不能用政治的理由來解釋。

所謂神通，其實即是今人所說的特異功能，佛道兩家前輩，從不炫耀神通，不似今人，稍有點異能便出來走江湖，但佛道兩家前輩，卻亦認為需要神通，如藏密大成就阿底峽尊者的《菩提道燈論》云：

「福智為自性，資糧圓滿因，一切佛共許，為引發神通。如鳥未生翼，不能騰虛空，若離神通力，不能利有情。具通者日夜，所修諸福德，諸離神通者，百生不能集。若欲速圓滿，大菩提資糧，要勤修神通，方成非懈怠。」

這即是明明鼓勵弟子要修神通。

若修密宗不能起神通，阿底峽便是說謊，可是阿底峽卻極受人尊敬，足知他並非一個說謊者，由是反證，神通對修密行人來說，並不是不可期求的事。

既然神通為真，則關於神通的故事亦必真實，不必因其神奇便有懷疑。然而藏密並不藉神通來吸引信徒，因為若與解脫相比，神通就是小兒科矣。

神通不是修持目的

其實每一個宗教，都有關於神通的事跡，耶穌冶大痲瘋、穆罕默德感應真神放天火，以及道家的許多神仙故事，都是此類。這些神通事跡必相當真實，然後始為信徒所流傳，所以筆者絕不視之為宗教家的謊言。

為甚麼筆者又極力反對「異能」變成社會現象呢？因為一旦抽離了宗教意義，神通無論大小，只能瘋魔社會，實無益社會。有點小神通的人，往往藉此迷惑群眾，一切邪道即由此而生。所以修密宗的人，如果一味期求起神通，而忽視解脫道，其人所行便是邪道，即是妖孽，絕非一個正當宗教家之所為。

即使提倡修人乘天乘的宗教，亦不以教信徒起神通為目的，更不鼓勵信徒修習神通。耶穌只叫信徒贖罪，道家只叫信徒成仙，沒有叫信徒學治大痲瘋，表演神仙遊戲。

因此我們對於宗教家的神通故事，雖不懷疑，卻亦不須因此而生信仰。若信密宗只是為了信仰祖師的神通，那已經不是正信，其程度恰如去東南亞學養鬼仔，學下降頭。藏密不成為邪教，道家亦不成為邪教，正因為他們有崇高的教義，他們並不靠神通來吸引信徒，因此正信之士才可歸於門下。

所以相信神通的故事，並不是叫人因神通而迷信。若羨慕神通，首先便要建立正知見，但當正知見建立時，卻會視神通為小道。

答問密宗，告一段落

筆者在此答密宗問，已至七十二篇，七十二是一個很好的數字，不妨到此為止，取個圓滿的兆頭。

七十二篇加起來字數，看似不少，但篇篇都是短篇，所以有些問題便很難答得深入，只能說作為初學密宗者的指引而已。

如今密宗忽然流行，港台美加觸目盡是密宗道場，真是應了蓮花生大士的預言，說密法必然傳播全世界，可是大士亦同時說，密宗亦會因此而衰落。如今的情形，看起來很相似，筆者甚至擔心，密宗一旦衰落，甚至可能影響其他佛教的宗派。

我們不能說密宗道場多便是興旺，因為還得看那些道場傳的是甚麼法，又如何解說法義，倘如只傳法的事而不傳法的理，又或者身為上師的人，自己也根本不明一法之理，只懂念咒結印，那就對佛法十分有害，蓋其行事有如外道，人既信之，便反而妨礙了正法的傳播。不幸的是，有些西藏喇嘛亦只傳術不傳法，更無論掛羊頭賣狗肉的人了。眼見如今的混亂情形，筆者實在很為整個佛教擔心。

因此於答問之時，已盡量做到宣揚正法，力圖矯正一般人學密的不正確心理。他們學密，重在得加持，而非求解脫，又迷信對靈異誇大之說，甚至興趣在於聽人說神通的故事，那就根本不是學佛，而是自討苦吃，加深自己流轉六道生死的業因。所以筆者強調，學密只是學佛的一條路，除了這條路之外，還有許多路，學密反而是最危險的道，若無菩提心，又無正見，那就不如去學顯教，反而安全得多。這說法並非跟自己信仰的宗派作對，只是實話實說。因而全文旨趣，實只在於說明學密須具正見，雖然說得支離破碎，亦已切中時下種種歪風矣。

附錄

附錄一：智慧與毒藥

—— 關於西藏密宗

以污水洗你的衣裳
一千回也不清潔
投塵沙於雪山之上
無損於它的銀輝
—— 西藏民謠

密就是禪

一朵花，一個微笑，開創了禪宗的世界。這是個很浪漫的故事，故事的榮耀屬於摩訶迦葉尊者。

尊者以後，很多禪宗大德的證悟故事，也同樣地浪漫，浪漫得像少女的戀情。一眉、一眼、一笑、一語，局外人看是尋常，局中人卻取得了交契。

心心相印，原是禪機。

這就很容易使我們誤解，以為學禪的人，不大需要修行上的實踐，只要碰上機緣，一旦得到大自然觸發，或得到禪師棒喝而語言道斷，就可以心地突然開朗，自性剎那與萬物相融，頓時無物無我，非空非有，一超直證菩提。

「口頭禪」就是這種誤解的產物。人問禪和：「東壁打西壁時如何？」答道：「南壁打北壁時才說與你知。」這一類所謂機鋒，只足證明參口頭禪的人淺薄。如果利口辯詞的訓練與開悟有關，那麼趙州何必坐破蒲團。

事實上，每一個開悟者都是經歷過風霜的。

摩訶迦葉未遇釋迦以前，對自己的修行很是自負，他說：「**若不值佛，亦當獨覺**」。其後一見釋迦，自覺如滴水之遇汪洋，才死心塌地追隨於釋迦左右，歷四十年的苦行，始證得「阿羅漢果」。這時，離靈山會上與釋迦以心印心的路還很遙遠。

禪宗二祖慧可，在參見初祖達摩之前，曾在香山靜坐八年；見了達摩，還需在冬夜立雪，以至雪深及膝，後來還自斷左臂，才得到達摩付法。四祖道信受法於三祖僧璨以後，仍「攝心無寐，脇不至席」地繼續長修禪定六十年。

他們作為一代祖師，開悟前後的修行，尚且如此，氣氛毫不浪漫，可見棒喝下的開悟，因色因聲啟發的開悟，原來只是瓜熟蒂落的一剎那，我們常常只顧欣賞這一剎那，而忘記了瓜生於土地，無可避免，曾經風雨侵凌。

只有明白了這些之後，我們才可以說明，西藏密宗在本質上就是禪宗。

密宗行人，也很重視頓悟的法門，事實上屬於舊教的甯瑪派（rNying ma pa）、和新教的薩迦派（Sa skya pa）就有這種法門。但是，他們並不以為頓悟是求得解脫的唯一途徑，因此，他們很重視鋪路 —— 在頓悟之外，建立另一完整系統的修持程序。這套程序，就像階梯，學密的人可由此循序漸進，但是不能躐等。倘若是利根的學人，固然很快就可以把這階梯走完，鈍根的學人，卻不妨慢慢走。因為，即使歲月無情，生命不等待你走完這些梯級，它們卻每一級有每一級的證量，使你得到不同程度的覺受，不至白白地消磨了歲月。

西藏密宗於頓悟之外鋪出來的路，是和禪宗不同的。這點我們承認，但是卻與彼此的本質無關。

到了最高的階次，西藏密宗上師就會要求學人捨棄從前所學的種種了[1]，這時，學人在一片空明安樂的心境中修定，證悟自性，從而進入至優美至圓滿的境界，要開悟就在這時開悟。

所以要放棄從前所學的種種，是因為在這階段已無「法」可依。所謂法，只不過是病人所需的藥、未渡人所需的船，既已康復，既已渡河，則藥與船都需揚棄了，否則反成拖累。—— 這種揚棄，和禪宗「呵佛罵祖」的作風是一致的，它們都表示了對任何「執着」的清除。

有這樣的一個故事：

釋迦和他的弟子曾在印度沙珂那（Sahara）地方，受國王因陀羅菩提（Indra-Bohddi）的供養。國王修密法中的「事業手印」已有相當成就，但仍未解脫。有一天，釋迦在他的耳邊，只輕輕地說一句曰：「你就是佛！」這國王便頓然開悟了。弟子們埋怨釋迦不肯把成佛的法門公開傳授，釋迦便對他們解釋：「那國王是密宗的根基，你們是顯教的根基。」[2]

因陀羅菩提王開悟的故事，簡直就像禪師開悟的過程。

---

[1] 這個階次，在「大手印」中稱為「無修瑜伽」—— 見貢噶法獅子講授《大手印導引顯明本體四瑜伽》。在「大圓滿」中，稱為「妥噶」—— 見W.Y. Evans-Wentz, Tibetan Yoga及劉銳之編譯《大幻化網導引法》。

[2] 見《金剛上師諾那呼圖克圖法語開示錄》，並見《七系付法傳》，二者互有詳略。

然而，我們卻不可不注意到，因陀羅菩提王的修習，早已培養成熟得道的種子，對於開悟，其實只隔一層。他執着於所修的法門不忍揚棄，一經釋迦點破，即身成佛，便清除了這最後的一重障礙。

西藏密宗的特色，就正在於能教病人正確地服藥，未渡彼岸的人正確地掌舵，而且，更重要的是，他能在適當時機教人立刻放棄了藥與船。故雖在修行的路徑上與禪宗風格大異，但在開悟的一階段，實際與禪宗絕對相同。

在這種意義上，我們可以說，密就是禪。

活佛就是凡夫

西藏密宗和禪宗還有一點根本相同的地方，他們都認為，修行的人只要開悟了自性，便可以即身成佛[3]。

這個主張，在佛學各教派的中心思想體系中，可以說是頗為驚天動地的。很多教派都以為凡夫非經「三大阿僧祇劫」的修行，不能成佛。——「阿僧祇劫」，是「無數劫」的意思，其含義所代表的歲月悠長程度，非一般人所可想像。因此，成佛就只是一個目標，而且幾乎是可望而不可即的目標，修行人在千萬劫中，只要有一生墮落，便會前功盡毀。

在禪宗的眼中，這只是修行人自己恐嚇自己的觀念。因為佛性原來是亙古長存的[4]，它超越時間，也超越空間，而且

---

3 從顯教的觀點來看，即身成佛的釋迦，只是歷劫修行的圓滿，因此，並不代表凡夫可以即身成佛。

4 趙州說：「未有世界，早有此性；世界壞時，此性不壞。」此性，指的就是佛性。

遍一切處無所不在，因而要了悟的人，當下就可了悟，而且一經了悟，從此便截斷了生死之流。

有人問雲門：「靈樹上的果子熟了嗎？」

雲門答道：「靈樹上的果子，究竟有那一年是不熟的。」

此人所問，是時間的分段 —— 果子需要時間的栽培才能成熟，仍格於佛家所說的「分段生死」[5]的概念。雲門引導他打破時間的界限，直接融入永恆。在無時間觀念的永恆來說，是不需要理會甚麼三大阿僧祇劫的時間界限的。

所以，南宋善能禪師說：「不可以一朝風月，昧卻萬古長空；不可以萬古長空，不明一朝風月。」一朝風月，指的是「當下」；萬古長空，指的是永恆。當下即悟，這剎那也就是永恆；倘若執着於永恆，便難悟道於剎那了。

西藏密宗也同樣有這樣的思想。他們以為：「有情從我生，從我生三界，我遍一切處，離此無眾生。」[6]

這裏的所謂「我」，正是眾生最根本的自我 —— 自性，也就是可以成佛的本能。離開了自性，眾生無法存在，因為世界上沒有失去自己本質的存在。所以，佛性也是打破時間和空間的永恆。

倘如學習密宗的人，還斤斤計較，我已修到某阿僧祇劫，密宗的上師，認為這態度是不對的[7]。薩羅哈大師

---

5 我們在生死之海中輪廻，每一生的生死，就是一次的「分段生死」。

6 見《大乘要道密集》卷三。

7 劉銳之《諸家大手印比較研究》第十四章。

（Saraha）證生滅時說偈語道出自我的經驗，便很強調地說：

無始來時　性本無生

時間沒有開始，也沒有終結，是之謂「無始來時」，因而生滅境界的證悟，便無需負起這時間的重擔。

一些密宗修行人證悟的故事，可以證明時間局限的打破，正與禪宗的當下證悟相同——

畢哇巴在接受「亥母灌頂」時，跳舞唱歌，於當下證入六地。這因聲因色而得道的過程，不是與許多禪宗大德因見日影、因見桃花而悟道的經驗相似嗎？

諦洛巴（Tilopa）傳法與其弟子那洛巴（Nāropa）時，用石頭擲擊他的生殖器，那洛巴即由此而證入初地。諦洛巴所採取的手段，不也和禪宗祖師用棒喝使弟子開悟，如出一轍嗎？

承認人類有打破時間與空間的限制，剎那可證悟永恆，根本就是人本主義的立場，因此，倘若因為「密」的緣故，而聯想到神秘力量與神本主義，那只是對密宗的誤解。

從這個意義來說，西藏的許許多多活佛，只是許許多多乘願再來此娑婆世界的凡夫，前一生並不替他今天帶來神秘，正如你和我一樣。

這種說法，或者會受到一些以錯誤的態度去崇拜活佛的人的攻訐，因為在他們的眼中，活佛就是「活」的「佛」，故此是充滿神秘色彩的。事實上，假如我們讀讀西藏密宗初祖蓮花生大士證悟以後的說法：〈智慧法爾解脫〉一文，就可以知道這位祖師的平凡。他說：「虛幻之法不成佛」，又說「佛陀與彼有情眾，法爾義中皆無實。」[8]

正因為「虛幻之法不成佛」，所以認為活佛具有不可思議的神通，可以對眾生為禍為福的見解，是絕對錯誤的。正因為「佛陀與彼有情眾，法爾義中皆無實。」所以，佛陀尚且與凡夫一體，何況活佛！

要恢復西藏密宗人本主義的真面目，這點認識是很重要的。

敦珠甯波車

筆者在幾年以前，曾經有機緣親近過一位西藏活佛，敦珠甯波車（Dudjom Rinpoche）。他不僅是活佛，而且是活佛中的法王。—— 甯波車（Rinpoche）一詞，意思就是「珍寶」，倘若不是法王，不能在名字中加此稱號。

這位法王是避居印度的西藏甯瑪派信徒的精神領袖，又受不丹及尼泊爾國王的供養，他的兒子山藩德華（Shenphen Dawa），是不丹國王的姑丈。我這樣說，並無意於眩耀他的家世與聲望，我只想說，一般人，或者一般活佛，假如有他的地位的十分之一，恐怕其架子已高不可攀了。但是，他給我的印象，只是一個平凡的老人。

他平凡到怎樣呢？

有一天晚上，有人宴請他和他的眷屬，酒席就設在他居住的酒店餐廳，晚宴完畢，他的女兒聽見夜總會的音樂，要走

[8] 譯文引自陳健民著《曲肱齋文二集》中《蓮師大圓滿勾提》。

過去看，這位法王居然毫不矜持，隨着女兒走進夜總會，而且坐下來欣賞。宴請他的人反而嚇怕了，馬上掉頭就走。大概他們覺得，夜總會的聲色，是和一位法王的身份不相稱的。

這位法王，還喜歡看粵劇。那天晚上，我們陪同他去看慶紅佳劇團的演出，劇名已經忘記了，但記得是楊貴妃與安祿山的故事。那晚，我們用英文對他的女兒解說劇情，他的女兒再用藏文繙譯，我清楚記得，這位法王對這段畸型的愛情故事並沒有鄙夷，只在他的眼神中，看到輕輕的嘆息。

又是這位法王，他為了要瞭解香港的平民生活，我們把他帶到李鄭屋村，把他帶到廟街的夜市。在逛夜市的時候，他就像一個平凡的老頭子一樣，一個攤檔一個攤檔地去消磨。

當然，他也有嚴肅的一面，當我們向他請示關於「密法」中的問題時，他智慧的雙眼便閃着光芒，以傳法者嚴肅的態度來解答，這時，他才是一個令人心悅誠服的聖者。

對這位法王觀察所得的印象，至少，有一位法國人與我相同，後來他把這印象寫成一本書，他說——

> 「敦珠甯波車是今日印度甯瑪派信徒的領袖。他長着長髮，而且把它紮起來，結成我們所謂的辮子。就像很多蒙古人那樣，他的臉孔是剃得很清爽的。一位歐洲人假如看到他的一些照片，很可能會認為他長着婦人般的臉孔。然而，敦珠甯波車是一位結了婚的聖者，一個家庭的父親......。我曾經有過幾次和他談論密法的機會，這些談論，放射出光明照耀在我從前覺得是思想障礙的疑點上。
>
> 然而，對於他的主要的回憶，我覺得他表現出是一

> 位平凡的人，同時也是一位具有超乎人類所具的高貴氣質的人。他的眼光，有不可形容的深度。換句話來說，他的眼光顯示出第四度空間。就是這樣的人，對來訪者的談話卻是那麼的親切和自然。」[9]

因此，他對敦珠甯波車下了結論：「這位聖者是同時生活在兩個層面的人。」

是的，任何的悟道者都應該是生活在兩個層面的人。假如他一旦開悟，便失去了世俗的平凡，那麼，他的開悟不應算是開悟，而只是世間智慧的自負。

對於開悟，曾來漢土傳法的諾那呼圖克圖作過一個很好的譬喻[10]：我們的自性，就如困在玻璃瓶中的空氣，開悟，只不過是把這層玻璃打破，讓空氣回到空間，與四周廣大無量的空氣混和。

請問：空氣對空氣有甚麼不平凡處？回到空間的空氣，只不過比困在玻璃瓶的空氣更自由自在一些罷了。

毒藥就是養分

正因為西藏密宗是這樣平凡的宗教，是真正的人本主義宗教，所以，他的信徒，可飲酒吃肉 —— 甚至吃牛肉，可以娶妻生子 —— 甚至可以娶幾位妻子。這種作風，看起來很驚世駭俗，其實，他們只不過像人一樣生活，像人一樣平凡地生

---

9 Arnaud Desjardins, *The Message of the Tibetans*，引文據 Stuart & Watkins 1969 年版譯。

10 同註 3。

活而已。

但是，一位成功的密宗修行人，卻也有與普通人不同的地方，因為他們善於把圍繞在他們周圍的毒藥吸收，轉化為自己的養分。譬如說，圍繞着我們的「文明」，就是我們的毒藥，這些毒藥，無可抗拒地腐蝕着我們的心靈，我們不能逃避，也無從逃避。在我們來說，是莫名的痛苦，但密宗行人卻可以處之泰然。

他們的泰然，是真正的泰然，因為他們跳出了文明與文化的衝突。

前些年，產生過「失落的一代」。這種失落感，不會源於物質，一定是源於精神。因為文明豐富了我們的物質生活，但卻摧毀了我們的精神生活。文明使我們生活得更美更便利，我們付出的代價卻是整個的文化價值。靈魂的代價，不及一瓶可口可樂，真理與正義，愈來愈變成迂腐之談。內在的空虛，使人與人間，變得愈來愈隔膜了。

《黑人文摘》[11]曾經報導過一項有趣的調查，調查者向美國白人問兩個問題：一、人類是否生來平等？二、黑人是否與白人平等？在南方，有百分之六十的人肯定第一個問題，卻只有百分之四十的人肯定第二個問題；在北方，肯定的比率分別為百分之七十九與百分之二十一。很顯然，他們答第一個問題的時候，馬上想到這是「真理」，而忘記了黑人也是人類；答第二個問題時，歷史與現實的隔膜感油然而生，便否定了自己的第一個答案。由這個調查，可以看出「真

---

[11] *Negro Digest* 1945 年版。（此項資料係轉引，但卻忘記了所轉引的文獻名稱。因當時只摘記下引文）

理」的不值錢，和人類隔膜的嚴重。

要對付這種隔膜，不能以摧毀文明作為手段。嬉癖士們的錯誤，是認識到精神的崩潰，但卻要故意表示對物質文明的不在乎，以為不在乎就是灑脫，但這種灑脫，卻並未能充實他們的精神生活，大麻與LSD，絕非拯救精神「營養不良」的良藥。假如要摧毀文明，則比嬉癖士們更有不如。因為文明一旦毀滅，只能使世界變得更為混亂。《聖經》裏的耶和華，就曾經因見人在地上罪惡很大，便要將他所造的人和走獸以至昆蟲飛禽，都從地上除滅[12]。結果又如何呢？

在這種情況之下，西藏密宗的大手印一系的教授，提出過一個很好的應付辦法，也是一個很好的譬喻：如嬰兒觀佛殿。

西藏的佛殿，大都金壁輝煌。無知的嬰孩在佛殿裏，可以說是目迷五色，甚麼東西對他來說都是新奇。他觀賞這些事物，也享受自己的觀賞，對輝煌的建築、宏偉的佛像、絢爛的壁畫、珍貴的裝飾，絕不會閉起眼睛來逃避，更不會想到要毀滅它們，但是，他們幼稚的心扉，對此種種卻絕無留戀，更不懂得起甚麼慾望。—— 嬰孩能手舞足蹈地來觀賞這佛殿的新奇，才是一份真正的灑脫。

對文明世界的態度，我們似乎也應該是這樣。

前面提到的那位法國人，阿諾・戴沙丹曾與敦珠甯波車有過一段對話，很值得現代的文明人深思[13]。

---

12 見《創世紀》，六章，五至七節。

13 同註 9。

戴沙丹問：

當人們一去追求真理與解脫（liberation）的時候——我相信，基督教的神秘主義者也有同樣的追求；我在印度教徒中生活過，他們是有同樣的追求的——當人們一動手去發掘另一種生活、另一種生命形態的時候[14]，人們就會發現他們是不自由的，在他們的面前橫亙着障礙物，那些障礙物逼他們走向目標的反方向。

我這樣說，因為我對這些障礙物有過經驗。任何人，當他嘗試藉靜坐來停止那不斷的思想之流時，他是很難控制那些妄念與心象的。任何人尋求他自己的統一時，他馬上就會被離散的力量以及內在的矛盾所抗拒。任何人想不單只統一他自己，而且要統一萬有，與存在的萬物不分彼此地融和為一時，就會遇到分別思量的力量，使他將彼與此作區分。這樣，就使他將自我蒙閉了，將自己獨立地蒙閉，而不能與宇宙的萬物融和。因此，我會產生對財富的慾望、對權力的慾望、對性愛的慾望、對一切有引誘力的事物的慾望、對那些鎖閉人類及僵化人類的事物都產生慾望。

（戴沙丹這種申訴，筆者相信，也正是徬徨於文化與文明的衝突中的，現代人類的申訴。那麼，就讓我們一起來聽取敦珠甯波車的答語吧！）

他答道：對所有這些障礙——或者，你可以稱它為罪惡，可以有三種不同的想法。假如，你把它當作有毒的植物，則對這株毒樹，便有三種可以採取的態度。

[14] 我相信，戴沙丹指的是開悟後的生活，和開悟後的生命形態。

第一種，是恐懼和戒畏。這是毒物，我不能沾染它，甚至連看都不要看它，離開它愈遠愈好。

這是佛教小乘（Hīnayāna）的態度。

小乘行者有他們自己的清規戒律：閒言閒語是絆腳石，因此我便保持緘默；金錢是絆腳石，因此我對它絕不沾手；性愛是絆腳石，因此我不接觸女人，甚至不望她們一眼。

所謂絆腳石，實際來說，是有慾望屬性的障礙物，因此也是有引誘性的障礙物，所以也可以反過來說，是畏懼與痛苦的障礙物。

第二種，是佛教大乘（Mahāyāna）的態度，是龍樹（Nāgārjuna）中觀學派（Mādhyamika）所教誨的態度。

這株樹儘管有毒，但我們仍然可以去接近它，甚至摘它的果實來吃。因為我們知道解毒劑。—— 這種解毒劑，就是對「非真實」的體驗，對「空性」的體驗。

大乘行人，知道怎樣去排除業力（karma）。業力，由一切的行為產生，當業力作用於心靈增長時，就是所謂因果律了。[15]

大乘行人知道，怎樣從自己對「非有」的體驗，從對萬物無實性的體驗，去使業力消失於無形，一如雪花掉在湯鍋裏。無論曾有甚麼出現；無論曾有甚麼發生，結果沒有甚麼發生。

第三種呢？是佛教密乘（Tantrayāna）行人的態度。

---

[15] 請注意，敦珠甯波車的意思，只是排除可產生因果律的業力，而不是排除因果律。當因業力的作用已產生因果時，因果律絕不能排除。

他們對一切都無所畏懼，沒有對吃這株樹的毒果產生任何顧慮，更不用說怕去接近它了。他們根本不需要解毒劑，因為他們知道怎樣去消化它，而不受到絲毫的損害。

對於此果實的毒，他們知道怎樣排除它、同化它、轉化它。—— 對應付毒物的意念，最基本的，是轉化作用的意念。

筆者在這裏可以補充一句，西藏密宗很強調「轉煩惱為菩提」。因此，敦珠甯波車特別強調對毒藥的轉化作用，能以智慧轉化煩惱或毒藥，自然也就無須甚麼解毒劑了。

密宗這種思想，和禪宗的思想是相同的，有一則這樣的公案 ——

一位婆婆供養一個禪和子二十餘年。有一天，差遣一個年輕女子送飯給他吃，並且教這女子抱着禪和來問：「當這個時候，你怎麼樣？」這禪和答道：「枯木倚寒巖，三春無暖氣。」

女子把禪和的答話回報婆婆，婆婆怒道：「我二十年只供養得個俗漢！」於是，就把禪和子趕走了，放火燒了他住的茅菴。

這俗禪和流離失所，原是活該。明明是暖玉溫香抱滿懷，卻偏要說甚麼「三春無暖意」。倘若是個開悟了的禪和，直須順手牽羊，便手到擒來；若是個修密成就了的行者，則是「急水灘頭好進篙」[16]。

---

16 此為西藏密宗學者陳健民評論這層公案的用語，見《禪海塔燈》。

這公案的結局，則可見禪宗的態度。公案的後文說：這禪和子三年後又回到婆婆處，婆婆又令女子抱他，他這回說：「你知我知，勿使婆子知。」

然而，我們也不能小看了這個禪和。他說得出「枯木倚寒巖」，分明已是澈知佛學上的「空性」理論。

假如把這件公案換過另一個角度去分析，這女子抱着的不是禪和，而是個根本沒學過佛學，並且生理正常的男人，這人的行動，恐怕也會和開悟後的禪師、成就後的修密者一樣。

問題就在這裏了，怎樣把這兩種在內涵深度上差別甚大，而外表的舉動卻毫無二致的行為分別出來呢？

分別在於心理而不在於生理。

正由於這是屬於心理的事，所以有時連當事人自己恐怕也未必能夠肯定地分別出來。這就需要有一位上師了。——在佛教各教派中，只有禪宗和密宗特別注重師資傳授，他們對上師尊敬的程度，比對佛的尊敬還更甚。

因此，一位高明的上師，實在同時也是一位優秀的心理分析學家。假如他的指導有誤，他的弟子便很容易會墮入魔道。更不要說那些單憑自己的聰明，在沒有上師指導下去修密參禪的人了。——《紅樓夢》中的妙玉，似乎就是這樣的一位聰明人。其實，道理很簡單，敢於服食毒藥，真的要有轉化毒性為養分的本領才行啊！

性愛就是修持

談到這裏，可以討論一下，那個對西藏密宗來說最易啟眾生疑竇的問題了。那就是，關於「歡喜佛」的問題。

有一回，我給人拖到一間甚麼精舍裏，去吃素菜，席間有人大談「色即是空」，把「色」字解釋成「女色」，筆者修養工夫很差，忍不住提出糾正，於是大談一番甚麼「色者、物質也」的道理，同桌有位老人，很欣賞我的狂妄，對我說：你有慧根，可以學佛。不過學佛要揀好的師傅，這裏的師傅就很好，這裏的菩薩也有求必應。你要小心，現在教人學佛的人很多，千萬不要跑到那些甚麼密宗的地方去，他們不單只飲酒吃肉，還說甚麼污糟邋遢的歡喜佛。......

這一回，可真是指着和尚罵禿驢了。

事實上，一般密宗行人也很忌諱談歡喜佛的問題。然而把這個問題視之為洪水猛獸，絕口不提，以免世俗的人有所誤解，筆者覺得並不是正確的態度。歡喜就歡喜，性愛就性愛，有甚麼不能啟齒的地方。

歡喜佛，西藏密宗稱之為「雙身佛」，那是佛父與佛母抱持交媾的形象，對這種交媾，經籍上稱之為「雙運」。

「雙運」，並不是西藏密宗所特有的。

密宗以外的顯教各宗，有所謂「智悲雙運」。那是指大智與大悲同時起用的境界，這種心靈上的修持，極其純潔，絕對適宜兒童觀看。因其修持偏於心靈，故與外表絕無關係。

修瑜伽密的一派，則有「定慧雙運」的修法。據對此有研究的人說，其修法是採「天部欲樂方式，具體而微，偏在心地。」[17]——據說，天人的交媾不必有所動作，男女彼此用眼光凝視，交媾即可進行。因此，這派的修法雖涉及欲樂，但只在精神上完成，故在外表上仍是適宜兒童觀看的。

西藏密宗的修行人，在經過第三級灌頂之後，可以修

[17] 陳健民《東密行者當進學藏密無上瑜伽法論》及《曲肱齋文二集》。

「空樂雙運」。正因為他們是人本主義的教派，所以他們所採用的，是人間的欲樂方式，這種方式，不用說，是絕對不宜兒童觀看的了。

或者有人會說，你不能只用一句人本主義，就把這問題輕輕帶過，因為這種形式的修持，我們總覺得有些那個。

那好吧，讓我們看看顯教經典對這問題的看法。《圓覺經》云：「**菩薩外道所成就法，同是菩提。無明真如，無異境界。諸戒定慧及淫怒癡，俱是梵行。一切煩惱，畢竟解脫。**」這種論點，已比世俗的眼光超脫得多。「淫怒癡」也就是有些經論所說的「貪瞋癡」，人之至淫至貪，無過於男女之事。你怕，你說此事有妨礙於成佛作祖，那你可以自己節欲；但對於能不以此為障的人，特別是對於有把握把毒藥轉化為養分的人來說，他們就可以行動，在經論中，沒有論據能把他們束縛。

事實上，西藏密宗對這種修法也很謹慎，所以才規定非經第三級灌頂的人不能修持此法。能夠通過第一、二級灌頂的嚴格修持程序的人，至少已有相當把握，能以智慧轉淫怒癡為戒定慧。

其實，在禪宗也有這樣的例子。《傳燈錄》說：「**二祖慧可付法僧璨已，遂韜光混跡，變易儀容，出入娼寮妓院。人怪問之，師曰：我自調心，何關汝事！**」

好一個「我自調心，何關汝事」。因為無論修禪修密，都怕此心如枯木土石。一旦心靈僵化了，便無法談得上「歸於萬象」。此種境界，謂之「枯禪」。大行不顧細謹、大禮不辭小讓，要避免僵枯，何必顧忌男女之事。

因此，藏密行人可藉性愛修持。這時，他並不耽於貪欲，他只浸淫在大樂的光明裏，求此心的開悟解脫。拙詩《散花品》中有一節道：

都結不成寂滅定
不奈枯禪似死屍
當曼陀羅花開
有新的生命升起
你瞿然座上
背荷看花香人影
一阿僧祇劫的罪

這節詩，便是企圖通過一位「結習」未除的阿羅漢心境，來說明僵化了的心靈，極需解救的道理。——儘管在一些人的心目中，這是罪孽深重的行徑。

筆者在這裏願意再三強調，佛教原來就是人本主義的宗教，西藏密宗，更是極力貫徹人本主義的教派，正因如此，他才不是枯井中的死水，而是可以滌除現代人的煩惱與惶惑的甘泉。你相信可以藉性愛來修持也好，不相信也好，但對其平實之處，對其超脫之處，應該無所懷疑。更何況，藏密修持之路，原不強調於全走性愛的門徑，它只教導我們，一個人，就是一個人。

（《明報月刊》第117期，1975年9月）

附錄二：永恆與萬有

——論西藏密宗的壇城

宇宙的成長如花開放
自地球的核心處
而此處即是永恆
—— William Blake

壇城與哲壇

西藏密宗的壇城（maṇḍala），看起來，只是一幅充滿神秘色彩的複雜幾何圖案。

它神秘，因為任何人對着它沉思默想，都可以在自己的知識範圍內，得到有益的觸發與啟示；它神秘，因為它充滿古代哲人對宇宙對人生的見地，透過壇城的背後，我們可以讀出古哲的思想。

從源流來說，西藏密宗的壇城，是婆羅門教徒所供奉的 yantra 的發展。所謂 yantra，廣義來說，原便是簡單的幾何圖案，或呈幾何形狀的物體，這些圖案和物體雖有涉及性與生殖崇拜的初民思想的痕跡，但經過發展，已成為更深層次的哲理表徵。

婆羅門教的哲人都崇拜「大梵」（Brahmā）。然而對大梵的「真實」，卻無法用文字去形容，蓋一落言詮，便總或多或少會失去本質上的真實，因此他們便利用 yantra 來作媒介，使人們的心智可藉對 yantra 的觀察而集中，冥思者於此時，即可由此進入一己與大梵冥合的境界。這時，大梵存在的真實，便可由冥思者直接感知，不必再藉語言文字來認知。

根據這種意念，我們似乎可以把 yantra 一詞意譯為「哲壇」。

西藏密宗接受了婆羅門教哲壇的形式，但卻賦予以不同的哲學意念。因為從哲學上的概念去觀察，壇城與哲壇的表徵，彼此有明顯的差別：

哲壇所企圖表徵的，是作為萬物之源的梵天，也就是萬物的主宰；佛教反對有萬物主宰的說法，在他們眼中，只有遍虛空無處不在的法界。唯此法界，才包羅萬有，但卻絕非萬有之母；唯此法界，才是永恆的真實，因梵天仍然是不永恆的存在。——梵天之真，一如物理學上牛頓定律之真，隨着時間的變遷，「真」的程度便顯出局限性；隨着空間的不同，「真」的程度也顯出局限性。

我們無意在這裏抉擇兩家的見地，我們只須注意到重要的一點：所謂壇城，其實就是借哲壇的形式來表達佛教的哲學意念，這也就夠了。

然而我們卻不禁要問：在佛教的眾多宗派中，何以獨有密宗才用壇城來表達哲理呢？

我想，這其實與歷史有關。

佛教在印度興起，機運上適當婆羅門思想的衰落期，此時，有頗多的婆羅門哲人開始對作為聖典的《吠陀》（Veda）產生價值上的懷疑，而在政治上，剎帝利種姓（貴族）又有把自己的階層置居於婆羅門種姓之上的慾望，因而便頗為支持「反吠陀」的潮流，企圖打破《吠陀》上以婆羅門種姓最為尊貴的規定。

在王室貴族的支持下，反婆羅門正統的「沙門」（śramaṇa）哲學派系，遂因利乘便而風起雲湧。據佛典記載，當時這種沙門集團共有九十六派之多（即所謂九十六種沙門外道），由此可見哲學思潮的蓬勃，而同時亦可見思想界的混亂。

佛教，就在這種思潮蓬勃而混亂的形勢下，脫穎而出。其全盛時期，弘法的範圍遍南北印。這時是約當公元六世紀至七世紀的戒日王朝（Harshavardana, 590-647）。

佛教在成熟，其他不依《吠陀》，但卻仍然主張梵天信仰的印度教派亦同時成長。他們不斷與佛教辯論，雖然幾乎每一次都失敗，然而每失敗一次，即成熟一些，終於在戒日王朝之後，出現了鳩摩利婆多（Kumaril Bhatta）及商羯羅尊者（Shankara Charya）兩位哲人，他們把婆羅門思想推展至最高峯，並且攻陷了佛教的思想堡壘。這是婆羅門思想的統一與復興。

從此，佛教的弘化範圍便日益縮小了，只在東印度，仍有密宗在支撐着佛教，時間達五百年之久，大致上與波羅王朝（Pāla Empire）相始終。

五百年，並不是一段短暫的歲月。在長時期的互相交涉中，密宗自然會在形式上吸收當時聲勢浩大的革新婆羅門教——印度教儀注。哲壇轉變為壇城，即是這種吸收之一，而且是相當重要的吸收。——這也就解釋了，為甚麼只有密宗才用壇城來表徵佛家的思想。

哲學宗派的發展原有賴於彼此的交涉。釋迦創建佛教，即曾在印度的《奧義書》（*Upaniṣad*）中吸收關於業（眾生的行為）與輪迴的思想；商羯羅建立婆羅門哲學的完整系統時，也曾吸收大乘佛學的「中觀」理論。因此，密宗吸收婆羅門的儀注，並通過這些儀注來表達佛家思想，不應看作是受同化，而應該看作是對當時機運的適應。

瞭解這歷史上的淵源，對瞭解壇城是頗為重要的事。因倘把壇城看作是受哲壇同化的產物，則會導致一個最大的誤解 —— 這也是目前大部份歐美東方哲學研究者的誤解：把佛學上的法界，與婆羅門思想上的大梵等同起來。這種誤解今天亦被港台治佛學者視為定論，遂對密宗持否定態度，實乃不公。

壇城的理論與實踐，隨着佛法的傳播北移，進入漢地的一支，傳至日本，成為「東密」的修持體系，他們修習「事密」「行密」及「瑜伽密」等所謂「下三部密」；進入西藏的一支，則成為「無上瑜伽密」的體系。由於無上瑜伽密與禪的路向、於極致處趨歸一途，故西藏密宗的壇城理論，似較東密更為充滿生機。

壇城的結構

關於西藏密宗壇城的結構，可以分狹義與廣義兩方面來認識。

從狹義來說，一個壇城就是一位「本尊」的世界 —— 它包括這位本尊的宮殿、眷屬和使者。

密宗信徒，每人有每人依止的佛或菩薩。所謂依止，並不是盲目的崇拜，而是以此所依的佛或菩薩作為法界的表徵，信徒即藉此表徵，逐漸引導自己把握法界的真實。這位為自己所依的引導者，即是自己的本尊。

因此，對本尊壇城的認識，便是理所當然的事。受引導的人，原應熟悉自己的引導者的世界，故藏密受灌頂者入壇，先用布蒙着雙目，以示對本尊壇城的迷惘，其後由傳法阿闍梨以金剛杵挑開蒙眼的布，則為開「智慧眼」的表示。也只有智慧眼已開的人，才能認識到本尊的世界，因肉眼所見的彩繪，無非只屬事相，本尊世界的真實（也就是廣大法界的真實），原需藉智慧眼去體認。

然而示意畢竟只是示意，阿闍梨雖可藉挑開蒙眼布以表示開智慧眼，但受開眼的人，於現實上仍只能憑肉眼去觀察彩繪，因為彩繪上的種種表義，便成為凡夫進入法界的踏腳石。也就是說，憑藉種種事相，藏密修行人始能認知本尊的世界，以後由於修持上的進境，他們才可能摒棄事相，感知法界的真實。

正由於這個緣故，所以儘管法界的真實本無需人世的裝飾，但對一般人來說，宗教的氣氛常藉種種莊嚴的裝飾而感染，故一幅壇城便不得不在事相上呈現為異常工緻華麗的彩繪。又因壇城脫胎於幾何圖案的哲壇，所以彩繪的壇城，基本上便仍是若干幾何圖形的組合。

我們且看一幅「大威德壇城」的彩繪。

大威德（Yamāntaka），舊譯「閻曼德迦明王」，即漢土傳說中的閻羅王，亦即印度教神話中的人類始祖閻摩。這幅壇城的彩繪，即為方形和圓形的圖案組合。外圍方形的四角，分別繪有大威德的四種身相，因這方形實為虛空法界的表義，故亦可表示本尊周遍法界的意念。

圓圖的第一圈，雖有紅、藍、赭、黃四色，花紋的表義卻都為火焰，火焰因風煙的變化，故有各種不同的顏色。圓圖的第二圈，以黑色為底，其上排列着十六根「五股金剛杵」，故此圈是表示大威德「堅固」的本質所形成的「金剛牆」。—— 這兩個圈，都是保護着本尊壇城的結構。

圓圖的第三圈，灰藍底色，由赭紅色的弧形線分隔為八個部份，代表印度的八大屍林。屍林與屍林之間則洶湧着海浪。於此八屍林中，各各有一寶樹，樹下各坐着一天的主宰（如帝釋天、大自在天等，其實都是印度教神話中諸神的轉化），此外尚有羅剎、藥叉、沙門、武士、鬼怪、禽獸等類，表示六道眾生。此等眾生無論作何種形相，無非都是生存於屍林裏面。—— 因而，這一圈的圖形，亦即是「無常」的表義。

圓圖的第四圈，着各色蓮瓣；第五圈，作淺赭紅色表示蓮座。在這兩圈以外的屍林，猶是凡土，此兩圈以內，才是本尊的宮殿，故蓮花實是聖凡的分隔。從表義言，蓮花常常是「智慧」的代表，所以聖者與凡夫的區別，只不過是「般若智」的證與未證而已。

本尊大威德的井字宮殿外，築有五重城牆，即是壇城彩繪的五個方形。由內往外看，它們之間又有一重火焰，與及一重波浪以為保護（這些火與水，除了保護的意味外，還有陰陽的意念，由此亦可見西藏密宗思想與漢地的哲學概念彼此有所交涉）。城牆四方有四處城門，門拱很高，作半圓形如幢蓋，蓋下又懸有法輪。法輪之下，都有一個作「忿怒相」的三頭四臂的守衛者。城牆之外，則陳列着諸般兵器 —— 每面城牆六種，共計二十四種。城的四角，亦分別有一個身色青藍的守衛。而這站立着守衛與陳列着兵器的較寬闊的方形，即是內城與外城間的走廊。

注意這些彩繪的顏色，我們就會發現，這內城的城牆、走廊、波浪、火焰、以及四門的守護神，都依方向而着色：東方白色、南方黃色，西方紅色、北方綠色。它們依次表徵着息、增、懷、誅的涵義。—— 這用顏色來表義的方法，與漢族文化頗為相同，只不過漢文化受了五行學說的影響，故東方青色以象木，南方紅色以象火，西方白色以象金，北方黑色以象水，中央黃色以象土，在形式上，便與西藏受佛家思想影響的具像為不同。

內城五層城牆及走廊之外，另有五個狹窄的五色方形。由外至內，白色的一圍表示洩水的斜坡；灰藍色的一圍，表示水溝；黑色的一圍上懸瓔珞，是宮殿的裝飾；黃色的一圍，表示屋簷；紅色的一圍，表示供臺。

由此五重結構，便組成一個外城。

外城與內城，分明都是人間的建築結構。其實這也並不奇怪，因為人類總用自己的觀點去塑造不可知的事物形象，而且，從形而上的立場去解釋，我們也可以說，這正是法界原也就在人間的表義。

井字形的大威德宮殿，由一圈白骷髏頭骨圍繞着，這是大威德壇城的獨有標誌。在印度神話中，閻摩和閻美兩兄妹是人類的始祖，人死之後，靈魂復歸於祖先。後來婆羅門教義，以人的靈魂歸於大梵為解脫，閻摩的神格便因而降低，由管領所有靈魂的神，降格為管領有罪靈魂的神。西藏密宗顯然在這裏吸收了婆羅門的說法，因而才以骷髏作為大威德的標誌。

於井字形的中央，即是大威德的宮殿。此尊身青藍色，多手多臂。

井字形周圍的八格，分別居住着大威德的眷屬和法侶。如果注意到這周遭八位尊身的顏色，與其所處的方位顏色配合一致，當更可領略到顏色與宗教的法義有其秘密的內在聯繫。

然而，倘若就這樣從形式來瞭解壇城的結構，究竟只是狹義的。從廣義來說，一個壇城，就只是一個自我中心在法界上的開展，任何表義與顏色，在此意念上都顯得多餘。

或者，有人會問：

世人執着於「我」，因而產生種種痛苦，故佛家始闢之以「無我」，然則，何以西藏密宗又獨容許壇城作為一個自我中心呢？

殊不知，這已有層次上的差別。

法界中的自我中心，已非世俗的所謂我，因我如能與法界相即相如，則法界的真實即是自我的真實。此如滴水入海，水滴與海已無區別，所以仍稱水滴者，已是一個完全中的完全 —— 嬰兒從母體產生，就是完全中的完全之一例。

以此緣故，就高層次的境界而言，法界中的萬物，無一不可成為自我中心於宇宙間作無限的開展，彼此的開展亦不復相障，所謂「華嚴世界」，即是這樣的一個世界。因而法界不滅，此自我中心即不滅，而於此便可以探討到「永恆」的真諦。

所以，從廣義來體察壇城的結構，本尊即是一個自我中心的表義。由此中心放射，遍周法界，則法界中萬物無一不為本尊所攝。聲音是本尊的聲音，顏色是宇宙的顏色，乃至宇宙亦是本尊的宇宙。

這樣，用收斂的眼光，自外而內去觀察一幅壇城，便非所宜了。因為壇城在哲理上的結構，非區區一幅彩繪所能限制，由核心的本尊出發，應該放射到周遍大千、無所不賅的無窮邊遠。

壇城與修密

西藏密宗的修行有一個特點，那就是，修密的行人須時時刻刻把自己觀想成為本尊。

在一般人心目中，這實在是不可思議的事。因他們把佛看作是至高無上的存在，而自己則是相對的卑下；佛是清淨無染具德的聖者，自己則是污垢染着的下劣凡夫，倘視自身為佛，對佛將會是可怕的褻瀆。即在修淨土的人的眼中，他們也只是企求能在「西方極樂世界」中佔一個蓮花的坐席，等候，「花開見佛」，是則自身與佛，仍有偌大的一段距離。

然而，藏密行人的心意，禪宗的大德一定會首肯，因為參禪的人，首先就要破除佛與我有區別的成見。他們說：「唸佛一聲，漱口三日」，難道佛真的是如此污穢，連他的名號也會沾污了人的唇齒？不是的，禪宗祖師只是想打破人們對佛此一名相的執着。佛雖清淨，我又何嘗污染？是則佛不尊崇，我不卑下，故把自己觀想為佛，並無罪過，反而是修行的功德。

在佛學上，有所謂「正報」與「依報」。正報，可以理解為眾生所依的身相：或為天人身，以至為畜生身；或為美女身，以至為醜婦身......。凡此區別，皆由正報不同之故。依報，可以理解為眾生所受用的物質世界，譬如天人，可以享受種種妙樂，若為人類，充其量只可玩玩Hi-Fi；還不只這樣，同為人類，也有根本沒興趣玩Hi-Fi的，也有雖有興趣，但卻限於住所環境與經濟條件而不能玩的，凡此區別，均由依報不同之故。

藏密行人觀想自身為本尊，從佛學概念來說，所修的僅是正報，必同時觀想自己周圍的物質世界即是本尊的壇城，才算正、依二報圓滿。

這樣，觀察壇城的彩繪，對修密的行人來說，便變成是必要的事了。因為對一般人來說，必須先經彩繪在腦海中印入一個印象，然後才能冥想而得設身處地的感覺。

也許有人會問：把自己看作是本尊，把周圍的物質世界看作是壇城，只不過出於個人的幻想，有甚麼實際意義呢？

的確是沒有甚麼實際意義。因為從「究竟義」來說，西藏密宗的經論已告訴我們，本尊觀、壇城觀，都無非是荒唐的論調 ——「戲論」，所以明知為戲論還要追隨者去實踐，則不過是給他們一道階梯。

也許，從心理學的觀點來體察，本尊與壇城的觀想，倒有一點實際的意義。

Carl G. Jung 和 Richard C. Wilhelm 在《金壇花的秘密》（*The Secret of Golden Flower*）一書中，把對壇城的觀想，看作是一種心理治療的方案，因為在觀想中可引導病者的心理作神秘的昇揚（mystic exaltation）。

在東方傳統觀念中，壇城也許只是一個傳導媒介，它能集中人類的意念，而使其擺脫桎梏；在心理治療上，效果也是一樣。因為當人們投射一己精神上的潛意識複合體（mental complex）於壇城的宇宙座標時，其人便感到心靈舒泰，而能從種種精神困擾中解脫出來。

也許有人又會問：對壇城的觀想，我們承認它的心理治療效果，但是，對心智健全的人來說，是否仍需作這種觀想呢？

事實上，從佛家的立場觀察，眾生的心理都是不健全的。現代心理學家所判斷的健全與不健全，只是就人類的心智作相對比較。譬如對香港人來說，拚命發掘發財的門徑，是一種相當健全的心理，無須心理治療，但是，假如我們肯站在較高的層次去反省時，是否真的會覺得這種對金錢的熱衷，是健全的心理呢？所以再推廣一點來說，站在佛家的立場來觀察眾生時，則眾生都將是需要心理治療的病者。——故曰：佛為大醫王，眾生悉皆病者。

這樣我們就可以理解：修密行人觀想自身為本尊、觀想周遭的物質世界為壇城，從宗教意義來說，固是一道可以把我們的心智引導向更高層次的階梯，即使是從心理學的觀點來說，也未嘗不是精神境界的一種解脫手段。

壇城對修密者的重要，也就由此可知了。

身即壇城

雖然有正報與依報的分別，雖然有本尊與壇城的分別，但他們究竟屬於同一的法界，作為法界的整體，與其將之分離，究不若將其統一，因此，在無上瑜伽密的較高層次，就進一步把本尊及其壇城，合一於修密行人的自身 —— 這種觀本尊、壇城、眷屬，全集於一身之內的觀法，稱為「內觀」，意思說，離此身內，萬象的紛紜都可不管，蓋真如法界我已攝入體內，一身即是法、即是萬象。

這種觀念，其實與禪宗的思想也很吻合。

僧問誌公：「何處是道場？」

誌公答道：「每日拈香，不知身是道場！」

從廣義而言，道場原來就是法界。拈香者日日在道場膜拜，倘膜拜的對象就是那些泥雕木塑的偶像，則此拈香者實不知佛與法界的真義。是故誌公才示之以真諦曰：「身是道場。」其意若曰：佛與法界原不須於身外尋覓。

因此，西藏密宗便另有一種非彩繪圖形所能表達的壇城。下面所舉，即是一簡單的例子：

觀想身軀為須彌山 —— 佛家的須彌山位居於我們這個世界的中心。

觀想四肢為四大部洲 —— 東勝神洲、南瞻部洲、西牛賀洲、北俱盧洲。佛家以此四大部洲為圍繞着須彌山的大陸。

觀想手指與足趾等，為八小洲 —— 佛家以四大部洲各有兩個小洲如衛星般圍繞。

觀想頭顱為本尊所居的剎土。

觀想兩眼為日、月。

觀想自身的五臟六腑為供養這個「身壇城」的供品及諸般妙樂。

不難發現，這種內觀的身壇城簡直就是一個宇宙的雛型，因而其實也就是法界的雛型。

當然，另外還有些極其複雜的身壇城，可供修密的行人觀想，如觀想色、受、想、行、識等「五蘊」為五方佛父；觀想地、水、火、風、空等「五大」為五方佛母；觀想八種識為八大菩薩；觀想八識所攀緣之境（如眼識攀緣色、耳識攀緣聲之類）為八大菩薩的陰性配偶……但複雜儘管複雜，其中心思想則仍與前述的簡單的身壇城相類，它們只在法界範圍開展的程度上有廣狹的區別，然而芥子可納須彌，則法界又何分大小，故無論怎樣的身壇城，到底仍是一個法界體系的表義。

壇城與宇宙

倘更進一層境界，則前面所說的外觀的彩繪壇城與內觀的身壇城，究竟仍落於事相，它們仍須憑藉種種的物象去完成。無奈物象有限，而法界無窮，抑且一念「究竟空」原超越時間與方位的限制，故我們應可不把壇城納於一身，而可將之周延於整個法界。

我們已經說過，一個壇城，其實就是一個自我中心在法界間的開展。觀自身為本尊且作為一個自我中心，對修密者固然重要，但倘只知依本尊為法界中心，而不知法界中萬物其實都可作為中心，則從究竟義言，未免拘於法而成「法執」。

前述的禪宗公案，誌公說：「**每日拈香，不知身是道場！**」此語其實仍未通脫，所以玄沙師備便為之再下一轉語：「**每日拈香，不知真個道場！**」此語在層次上即較誌公為高。它所以高，亦等於西藏密宗行人修身壇城通透圓熟後，又復將之摒棄的境界。

然則，事情從表面來看，便似乎很奇怪了：

修密之初，原不識甚麼本尊與壇城，但卻偏要教他認識，作種種觀想於空中樓閣，抑且唯恐其觀想未得周延，還示之彩繪，表出以形象，作繁雜的表徵以使行人「入道」，其後，又要行人把種種觀想，濃縮範圍於一身之內，並且告訴他此身即是整個法界；如今，卻又說連一身之內的壇城本尊都應捨棄，又回復至初修密時無知無識的境界，是則從前種種修觀，豈不是前功盡廢？

殊不知，從事相的表面看來，固然如此，實際上，其境界卻已有一層一層的不同。要說明這點，最好以詩的境界為例，較易作實際的觀察。

近人傅庚生論詩的巧與拙，曾舉出三首詩來作比較。

第一首，是蘇曼殊的詩：

誰憐一闋斷腸詞，搖落秋懷只自知，

況是異鄉兼日暮，疏鐘紅葉墜相思。

這首詩，寫游子的心情，未嘗不令讀者興悲，只是陷於纖麗的意象，有如一片彩繪的壇城，愈刻畫入微，愈使人覺得工巧，其層次則反為愈低。

第二首，是王漁洋的詩：

青草湖邊秋水長，黃陵廟口暮煙蒼
布帆安穩西風裏，一路看山到岳陽。

這首詩，同樣是在秋天作客，亦同樣寫於黃昏，作者卻不必拈「斷腸」「搖落」「異鄉」「日暮」以及「疏鐘」「紅葉」「相思」等等詞語來打動讀者，而自有一種渺渺的愁懷可以傳達，我們甚至可以感到，於暮色蒼黃中，那安穩的布帆愈飄愈遠，詩人便有流落的愴然。因而此詩便恰如一個身壇城，以一身含蓄法界，不作放射式的觀察，唯收斂時空於內在。

第三首，是杜甫的詩：

岐王宅裏尋常見，崔九堂前幾度聞？
正是江南好風景，落花時節又逢君。

這首詩比起王漁洋來，更少落於事相的經營，不必以「秋水」及「暮煙」為襯托，更不必藉「安穩」的「布帆」來反跌悠悠的玄思，直是一敘舊事，又扯入眼前，但一種與故友異地相逢的悲喜，已深深傳達給讀者，這種悲喜，自然襯托出詩人本身流離的哀傷。因而，這首詩的層次，便等於把本尊、壇城等種種事相，還歸廣大的法界，自身一無所取，其實已廣挹宇宙的藏密行人的境界。

通過這個例子，我們或可已領略到層次與層次間深淺的區別。—— 前人以詩比禪，其實又何嘗不可以用詩喻密！

但或許有人會問：我們學詩，可以一開始就學杜甫，追求杜甫的境界，那麼，我們學習西藏密宗，又可不可以跳過本尊與壇城等等事相，直接探討法界的真實呢？

倘如世人學杜詩，一學便能超入杜甫的境地，於詩人世界中，其人已是天縱之才；在佛門之內，倘若能直超事相而入法界，其人便是禪宗的大根大器，那麼，我們便可以很乾脆地說，他根本已無須從西藏密宗入手，可以追隨禪宗，一超直入如來，因為他的根器已躐過了藏密的一些層次。

但倘若他只像世間一般詩人那樣，由拙而不能巧，發展至巧而不能拙，最後始能歸於平淡的生拙，則似乎西藏密宗是對他適合了，因為他要經過一個層次又一個層次的階梯。

說到這裏，我們卻仍然只是在概念上徘徊，然則當藏密行人摒棄了身壇城的內觀之後，他又當如何去對待壇城呢？

這時，他的心就是他的壇城。

心即壇城

在敦珠甯波車著的《西藏古代佛教史》中，有一個很意味深長的故事：

佛智（Sangs rgyas ye shes）是一位修《密集》已頗有成就的藏密行人，但他卻有如結繭般痛苦，因為他感到無法再向前移進一步。

於是，他便隱居於山巖中祈禱，請本尊給他指示。他終於聽到一個聲音告訴他說，應該到五台山去找妙吉祥。

佛智因此便孤身隻旅，到達了五台山。一抵達，甚麼聖跡都沒有出現，只見一個老人在耕地，一個老婦人抱着一頭骯髒的小狗坐在旁邊。

這時，佛智已飢火如焚，便向那老人乞食。老人從老婦的飯籃中拿過一條魚，遞給那頭狗吃，然後把那頭狗吃剩的魚遞給他。他自然噁心，悄悄把魚丟掉。

是夜，佛智就住在老人的家裏。他於深夜時自己做功課，修《密集》儀軌，那老婦人便對他說，老人也是修密法的行人，倘有甚麼不明，他可以向老人請教。佛智抱着半信半疑的心去找老人，誰知那老人卻對他說，如果想求教於他，佛智便要接受他的灌頂，作為他的弟子。

佛智勉強答應了。

那老人於是一彈指，霎時間，在那破陋的斗室中，竟然出現了「妙金剛」的十九個壇城。老人旁邊，則站立着那老婦和那頭狗。

老人問：「現在，你願意向誰頂禮呢？」

佛智答：「當然是向壇城頂禮了，因為壇城中趺坐着妙金剛。」

老人聽了，也不說話，只一彈指，霎時光明燦爛的十九座壇城又歸於烏有，連那老婦和那頭狗也突然消失。

佛智於是頓然大悟，連忙向那老人哀求，最後終於得到了傳法。

這個故事，聽起來有如神話，然而故事的本身即是「心壇城」的喻意。

十九座妙金剛的壇城，自然森羅萬象、莊嚴圓滿，以事相言，恐非任何的彩繪所能比較，難怪佛智一見，即欲向之皈依頂禮。可是，他卻忘記了，如此森羅的示現，其實只生於那糟老頭子的一心。心生此象，於是金碧輝煌，此心一寂，遂又化為虛空。因而他所要頂禮的，絕不是懾人眼目的事相，而是上師的心壇城。

唯此心壇城可以攝入萬象，因而也就可以示現萬象。這時，更不須有任何的自我中心。因為萬象紛呈，而萬象都可各自作為萬象的主人。於修行人心眼中，到此境地，即是一片萬象互為交涉的天機。這時，他所追求的壇城（假如說他還有所追求的話），應該即是一片大樂、光明、並離去一切思維的境界。

然而站在行人的立場來說，他卻不妨仍以一己的心，作為法界的萬物主宰，因為此心即是萬象，故無須因萬象各為主宰，便放棄了自己的心作為主宰的權利。

怎樣去形容心壇城的形象呢？

它是無可形容的。因為它本不着任何事相，亦不具象；只是此心起用時，萬象的象，亦即是它的象。因此，對於它，語言文字的形容便失去了作用。

故唯此一心，即是萬有。

怎樣去衡量心壇城的生滅呢？

它是無可衡量的。因為剎那變異的，只是此心所起的作用。——心起用時萬象生、心用寂時萬象滅，然而它的自性卻仍然存在。抑且這存在是依萬象的存在而存在，所以它的本質並無生滅。

故唯此一心，即是永恆。

也只有知道這個境界，我們才可理解西藏密宗壇城的究竟義。

（《明報月刊》第144期，1977年12月）

附錄三：關中小品四題

冬至前三日始，入關修法坐定二十一日。一至七座，渾身痠痛，至第八座始漸生喜樂。攜三五冊書入關中，因喜樂故，關課餘閒才有興趣翻讀。讀已冥思，成「關中小品」四題如下。

大梵的一日

印度婆羅門的大梵（Brahmā），可以說起源得很早也起源得很晚。

在《黎俱吠陀》（Rg-Veda）時代，「梵」只不過是一個概念，還不是神。婆羅門用讚歌究詰誰是開闢天地的造物主；誰是眠者與醒者的創造主；誰是使雪山兀立、大河奔流的神力莊嚴者；誰是在諸天之上，而且生出諸神精靈的光明潔淨具力者？

這時候，「梵」還未成神，他只是人類以有涯之生去探索無涯之知時所創造的一個概念。—— 有如我們所說的「道」。道不是神。

到了《奧義書》（*Upaniṣad*）時代，這已經距《黎俱吠陀》時代一千年了，梵才成為神。

婆羅門哲人認為萬物的生成都依靠一種動力，這動力的來源即是造一切主（Viśvakarman）；然而動力卻需要萬物的質因來造萬物，於是又安立生一切主（Prajāpati）。然而，這樣的安立卻有先天的缺陷。

站在造一切主的立場，他需要生一切主，因為光有動力不能創造萬物。但站在生一切主的立場，他卻無需造一切主。梵書說，譬如父母生育子女，即是生一切主賜給他們生育的質因。也等於說，生命是靠生一切主而來，根本與造一切主無關，因為利用生命質因來創造子女生命的動力是父母。

《奧義書》的哲學於是走進了一條死胡同。

其初，建立造一切主是為了解釋萬物生命的來源，及至萬物生成，萬物都自有繁殖的動力，他們就不必飲水思源去禮拜那造一切主。

這時候，便需要再向頭上安頭，建立宇宙的大原，將生命動力與生命質因的源頭都歸於一。這宇宙的大原不勞假設，最方便就是歸諸大梵。故《奧義書》說，他是「唯一者」（Puruṣa）。

哲學的概念往往人格化而成神，是故造一切者便成為維修奴（viṣṇu）；生一切者便成為濕婆（Śiva）；宇宙的大原便成為梵天（Brahmā）。── 婆羅門教的三大神祇如是安立竟。

然而，大梵與人更加膈膜了。人類的信仰都基於現實。人怕死，所以祭祀死神；人怕雷電，所以祭祀雷公電母；人畏懼於森林的深邃和河流的不測，所以祭祀山川林木。──為甚麼我們要祭祀大梵呢？

婆羅門哲人於是說：生命都有一個神我（Ātman），此神我與大梵同一體性，萬物生從大梵來，死後亦歸大梵而去。甚至，以一個神我作為中心，向上下四方放射，則一個神我便亦是一個小宇宙，有如大梵的放射，成為大宇宙的中心。

梵我於焉合一了。

由是人與大梵的關係才密切起來。

然而人有生滅，大梵呢？自然亦應該有生滅。據《婆羅門摩犂寶典》，大梵生命的一日如是計算——

人壽四百歲的日子，一共四千年；人壽減為三百歲的日子，一共三千年；人壽再減為二百歲的日子，一共二千年，人壽復減為一百歲的日子，一共一千年。如是四個時期循環四千次，便是大梵的一日。

大梵睡醒，有情世界漸次建立；大梵伸懶腰要睡覺了，有情世界於焉毀滅。所以，我們看不到大梵的死，因為他一醒一睡，已是我們塵世的一千二百萬萬年。

然而，我們卻看見大梵在打呵欠了，因為原與大梵合一的人類，都寧可鑽進小宇宙的極微世界，去玩弄核子分裂的爆炸遊戲。

巫咒

每經過灣仔鵝頸橋，見到穿灰黑衣裳的老婦在喃喃地「打小人」，便都想停下步來，傾聽原始的巫術經數千年發展之後，究竟已變成怎麼樣子。

買過一本據說是茅山的符咒，裏面的咒語幾乎都是七言詩歌。例如有這樣的一首《圓光咒》——

> 「潔淨潔淨心潔淨，先師遺下雌雄鏡，千秋萬古大光明，吉凶禍福由前定，酒色財氣正正勝，千靈萬靈如律令。」

七言詩起源很晚，所以至少《封神榜》中通天教主他們這一流「截門」巫士，不應該唸這類咒語。然則，古代的咒語原來是甚麼面貌？

有一年在飛機上，見到鄰座的人手頭拿着一本書，上頭有很多用羅馬音拼成的咒語，於是跟他搭訕，原來只是一本介紹婆羅門吠陀的作品，湊巧那兩頁是介紹《阿闥婆吠陀》（*Atharvaveda*），故遂多咒誦耳。

傳說《阿闥婆吠陀》的結集，是婆羅門對土著崇拜的攝受。他們先將土著信仰的神承認，並且承認其祭祀儀式，然後加入自己的哲學思想，於是土著的神便歸入婆羅門神系之內。

下面是我多年前譯出的一首咒。據《阿闥婆吠陀》的說法，咒的神力可以令有外寵的丈夫回心轉意——

悠優於水波河岸，
乾闥婆啊，我讚禮
凝聽着女神奏曲，
乾闥婆啊，我供養
攝受我禮供的乾闥婆
請把那女子的精靈吸盡

其實咒語是不能譯的，倘如用古雅利安人的語言朗誦，這咒語肯定有它的魅力與神韻，一譯便甚麼都完了。因為光看文字，這只不過是一宗卑下心靈的交易。乾闥婆接受了她的禮供，就要替她去作祟她的情敵，很沒來由。

咒中的「女神」，應該是指印度神話中的水中精靈，她們都是女性，所以只得跟乾闥婆戀愛。在河邊，一對對精靈唱歌跳舞，吹奏着笛子，水是他們的床，風是他們的帳。

然而這樣的咒語實在沒有甚麼可怕。它裏頭，甚至還蘊藏着愛情的故事。這或許已經過婆羅門的修訂，原來的樣子應該粗糙一點。

女神——智慧與浪漫

不知為甚麼，凡是關於智慧的體現，人類總喜歡用女神來代表。我們熟知的，是希臘的女神雅典娜，她即是智慧的化身。

在我國，補天的女媧，應該也是一位智慧的女神。然後便是嫦娥與七姐，她們都是智慧的化身，是月色與星河引發的詩意情操。

婆羅門諸神人，最詩意的，當然是前面說過那一羣和乾闥婆戀愛的水中精靈。她們的名字叫做雅布莎蘿絲（Apsaras）。

然而她們也有和凡人戀愛的紀錄。據說印度古代最享盛名的詩人華詩西陀，即是女神與人結合的智慧結晶。

現在我們看敦煌壁畫，一群飛翔於天空奏着樂器的天女叫做「飛天」的伎樂天，便是佛教將雅布莎蘿絲吸收過來之後的形象。飛翔着雖然自在，但卻似乎少了在水邊嬉遊的詩意。

水通常總是智慧的象徵。也許古人覺得智者即是詩人與歌手，他們的唱誦，和大河一般有自然的韻律，是之謂天籟。

西藏密宗的壇城，主尊坐着的是「日輪」，於主尊背後放射耀目光芒的反而是「月輪」，這種概念，恐怕即跟日月神的性別有關係。

除了日神之外，還有一位女性的工巧神莎爾尼柔（Saraṇyu），據婆羅門說，遍照大神（Vivasvat）跟她偷情，便生出人類的始祖。人是神類的子孫當然很光榮，只可惜聰明的源頭屬於女性，而出生的來歷也不夠光明正大。

是故佛不說最初因。—— 倘若有人合什向佛問人類的來源，佛不答。

歡喜佛

人問西藏密宗的歡喜佛，很多修密的行人都不肯作答，外人便反而覺得這是猥褻的崇拜。

其實，這不過是佛教密乘對婆羅門生殖崇拜的昇華。

印度生殖崇拜的源頭是濕婆，因為他是生一切主者的神格化身。但濕婆的妻子卻是死神，是故人的生死都由這對耦神支配。

濕婆的妻子即是有名的大克利（Kālī），黑面、獠牙、血口，恐怖得很。可這卻並不是她的本相。當還是處女神的時候，她名叫烏摩（Umā），曾經跟印度古史詩中最聰明的英雄克利休那（Kṛṣṇa）有過一段如詩的戀情，然而天界的一個事件卻把他們的戀愛破壞。

天上的諸神給非天（阿修羅）打敗，去向大梵求救。大梵說，濕婆的兒子可以打敗阿修羅，可是那時濕婆卻未結婚。諸神中的愛神嘉瑪迪娃（Kāmadeva）計上心頭，便用自己的神力去使濕婆跟自己的侍女烏摩相愛，結果生出戰神。

戰神後來當然把阿修羅打敗，天界的諸神因此太平，自己享受自己的去了，再也不管克利休那與烏摩的心碎。

本來嬌憨美貌的烏摩，結婚後卻變成這麼難看的樣子，不知道是不是對婚姻的諷刺。因而大克利也叫做大黑女，還叫做難近母，難怪婆羅門亦視之為貞潔女神的化身。

然而濕婆卻不在乎。婆羅門的經典說，他跟妻子快活地住在天上的山中，一味享受慾樂，因而他們也就成為生殖的表徵。

在婆羅門的祭祀中，用靈加（liṅga）來代表濕婆，用優尼（yoni）來代替大克利，因此便由生殖崇拜演變成為器官的崇拜。

佛教密乘將這種崇拜昇華，視之為「方便」與「智慧」的結合。由此結合，轉化人的五毒成為五種智慧。倘若你比較過婆羅門原來的祭典與密宗的儀軌，就可以知道，這其實是將肉慾轉為啟發覺性的動力。

一個宗教吸收一個宗教的神和祭祀，在形相方面當然要有所保留，改變的只是內蘊的哲學涵義。

一如道教吸收了佛教的諸天，便把帝釋天轉化成為玉皇大帝，而玉皇大帝的神系，卻即是人間王朝的反射。

所以西藏密宗到了更高的層次，便把一切大神諸佛的事相視為戲論，修行人只去觀察如如的法性，那才是第一義的真實。

（《明報月刊》第218期，1984年2月）

附錄四：西藏密宗法器簡介

（1）金剛杵

金剛杵為一兩端對稱的銅杵。通常用者為五股，即每端各有四葉尖瓣包圍着中間的杵心，連杵心即共五股。

金剛的表義為無堅不摧，所以金剛杵的作用，便在於摧破種種無明，無明則是眾生輪迴的根本原因，修密乘法，能即身成佛，解脫輪迴，故用金剛杵作為表義。

與之配成對者為金剛鈴。

（2）金剛鈴

金剛鈴的手柄，為一金剛杵的一端，因此亦可以將金剛鈴視為金剛杵所變，即將金剛杵一端改為鈴形即是。

金剛鈴的表義，是驚醒無明，眾生因無明執着而致輪廻不已，貪瞋癡三毒由是而生，故用鈴聲警覺之。

密宗以金剛杵屬父，代表方便；以金剛鈴屬母，代表智慧。方便與智慧二者不相離，故鈴杵必成一對。通常右手持杵，左手持鈴，且必須得金剛阿闍梨名位的人始許使用。

（3）金剛降魔杵

一端為金剛杵，另一端為鐵製三棱杵，中段有三佛像，一作笑狀、一作怒狀、一作罵狀。此法器通常為修降伏法所用，用以降伏魔怨，未經傳授此等法軌的人，不得擁有，更不得使用。

甯瑪派（紅教）的「普巴金剛」法，使用此杵，故稱為「普巴杵」。

（4）天杖

用銅、木或人脛骨製成。長柄為杖形，杖頭橫置一「三股金剛杵」，杵上有二人頭及一骷髏。此為「三時」的表義。

三時，即過去時、現在時、未來時。骷髏表過去時，餘二人頭分別表現在及未來。

天杖或音譯為「嘎章嘎」、「卡童加」等。通常見於佛像或護法像，因僅屬本尊及護法持有的法器。如甯瑪派祖師蓮花生大士所持者，亦為天杖。

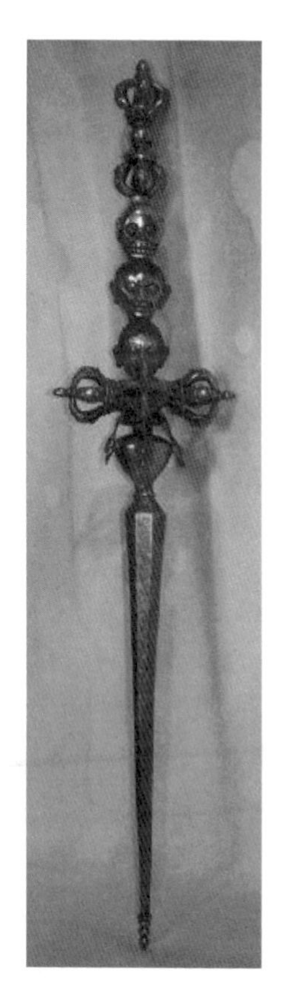

有時護法所持的寶幡等，即繫於天杖之上，成為幡柄。

（5）十字金剛杵

此法器外形，為兩金剛杵作九十度角相交。為北方不空成就佛獨有的法器，故凡持有此法器者，均為此系列的本尊及護法。

法器的表義，為四大虛空，四大即地、水、火、風。因虛空故，無物可以摧毀，然卻可以摧滅一切魔敵，如虛空粉碎。

（6）鉞刀

手柄為一金剛杵，下鑲一鋼鐵製之彎刀。其表義為摧毀一切束縛。

人的身體有諸般脈，隨年齡漸長，脈往往成結，修密乘法可以解開脈結，故修脈的法門，亦常用此法器作為表義。如金剛亥母法。

有些本尊，亦常用此作為解脫的標誌，如閻曼德迦（Yamāntaka），即持此法器作為標誌。

（7）金剛劍

手柄為一金剛杵，另端鑲以寶劍，劍身上窄下闊。

此法器的表義為斬斷無明及煩惱。能斷無明及煩惱的利器，只有智慧，因此金剛劍的表義亦為出世間智。

文殊師利菩薩（Mañjuśrī）為佛智慧的化身，因此金剛劍便亦是文殊師利菩薩的標誌。

在圖像上，劍端噴出火焰，是為智慧火，此人能照破一切無明暗。

（8）烏巴拉花

此為長柄的九瓣青蓮，即半開半合的九瓣青蓮花。為出世間智慧的表義。

四臂觀音、綠度母、文殊師利菩薩皆持此花，即代表他們具有出世智，且用此智以度眾生。於修此系列本尊法時，有用銅製成烏巴拉花供養者。

（9）三叉

木製長柄，鑲火焰形的三叉頭，三叉連接處為一骷髏。

此法器的表義，三叉代表佛、法、僧三寶，骷髏代表無常。用三寶來加持修行人，得知「諸行無常」，即為其全部涵義。

因有「諸行無常」的意義，故屬於死神系列的本尊及護法，亦常持此法器。

甯瑪派祖師蓮花生大士持此法器，則代表其能總集佛法僧三寶的自性。

（10）三寶

中央為三粒寶珠，象徵佛、法、僧三寶。三粒寶珠為一淚滴所藏，象徵三寶對眾生的悲憫。淚滴四周放出火焰，則為三寶的智慧火，能照破眾生的無明。

通常此為釋迦佛的標誌。

（11）萬字

此為佛教各宗的通用標誌。佛陀有三十二相，其一即為胸前有此萬字。

在西藏密宗，又用此表徵心輪的八脈，即為心輪的橫切面圖。十字四端為四脈出口，各橫出一枝，其端又為另四脈的出口，故共為八脈。

有一點值得注意的是，我國道家以足底中央的「湧泉穴」與心脈相通，故道家西派有修湧泉穴的特別法門。這個觀點，似與藏密的觀點一致。

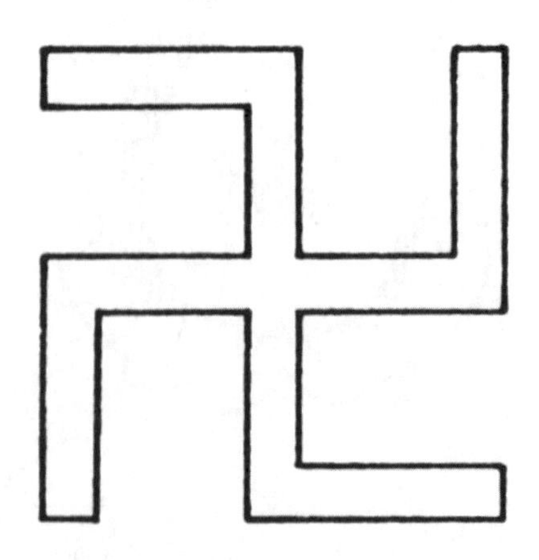

（12）八供

密宗佛壇，以銅、銀、金供杯，供養八種供品。由佛那邊來看，從右到左，為水、水、花、香、燈、塗、食、樂等八供。

第一杯水是飲水。第二杯水是洗足水。第三杯是水面浮起的香花，亦可用乾花置底，上插鮮花。第四杯是供香，可滿置香粉，上置五色供香，只供不燃。第五是供燈，第六杯是塗香，滿置檀香粉，上置香水寶瓶好vv。第七杯供食，通常滿置白米或香粉，米上置小水果，以用芒果最為殊勝。第八杯為樂器，即杯中滿置白米，米上置一白螺殼，代表法螺。如無法螺，可置任何小型樂器。

（13）八吉祥

相傳釋迦牟尼誕生時，天人獻上種種供品，此八吉祥即為天人所供，故密乘行人常用此來裝飾佛壇，有用金屬製成者（銅、銀、金皆可，但絕不可用鐵），有用木製成者，亦有繪畫而成。

八吉祥代表佛陀身上的八個部位，其次序不能錯亂，依次為——

寶瓶、寶蓋、雙魚、蓮花、白螺、吉祥結、尊勝幢、法輪。

寶瓶代表佛陀的頸，因佛法皆由佛陀口中流出，故寶瓶又為教法、教理的表徵。

寶蓋代表佛頂，它有如漢地的羅傘，置於佛陀頂上，能遮蔽風日。密宗法王傳法，亦必用寶蓋。

雙魚代表佛陀的雙目。佛用慧眼慈視眾生，使眾生離苦得樂，故又為智慧的表徵。

蓮花代表佛陀的舌頭。佛以廣長舌說一切法，令眾生都能因此知道佛教義理，是為「舌粲蓮花」。蓮花清淨，出污泥而不染，故又表徵出世間法。

白螺代表佛陀的三條頸紋。印度傳統，於戰爭時吹響螺殼以示警，佛陀的法音有警誡眾生的作用，故以白螺為表徵，同時亦代表法音能夠遠播。

吉祥結代表佛陀的心，又稱為無盡結，因為此結無首無端，代表佛陀心法無盡。此結亦可視為兩個「萬字」交搭而成，因此亦為心脈的表徵。藏密上師常以此結為信眾佩戴加持。

尊勝幢代表佛陀所得的果位，其能證無上正等正覺，是為佛教的勝利，故以尊勝幢來表徵。幢即是佛的旗幟。

法輪代表佛陀的手掌，因佛說法為轉法輪。輪有八輻，代表「八正道」── 正見、正思維、正語、正業、正命、正精進、正念、正定。凡修法轉法輪，必轉十二次，即為四聖諦（苦、集、滅、道），每諦各轉三次，紀念釋迦初轉四聖諦法輪，說小乘法。

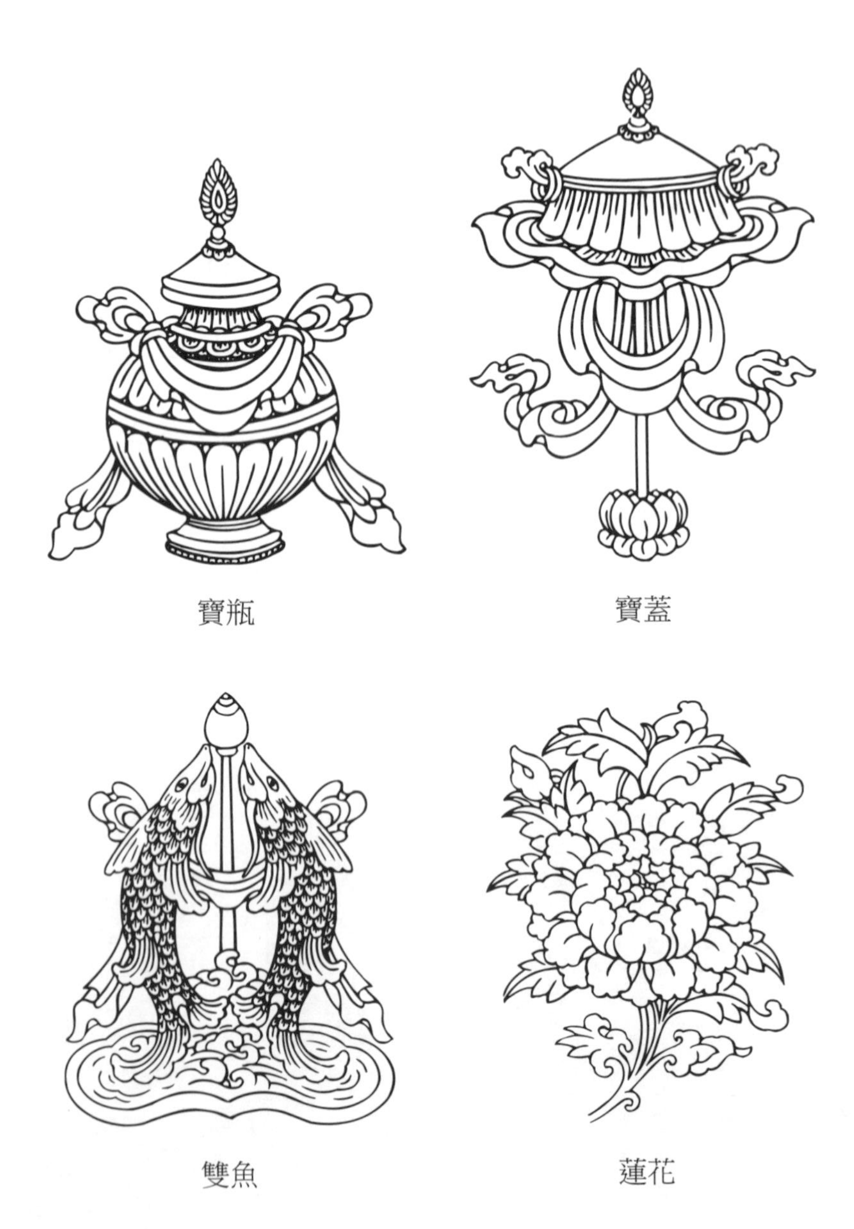

寶瓶　寶蓋

雙魚　蓮花

白螺

吉祥結（無盡結）

尊勝幢

法輪

（14）祈禱輪

密宗行人念咒時，手持祈禱輪，邊念咒邊轉動。因輪內置有佛或菩薩的咒文多遍，他們認為，如果一邊念咒一邊轉祈禱輪，每念一遍，就等於輪內所置咒文的遍數。

通常輪外鑄有咒字，以配合輪內的咒文卷軸。最常用者為「六字大明」，即觀世音菩薩的心咒，故又稱為「摩尼轉」，以咒中有「摩尼」二音也。

（15）八吉祥瓶

將八吉祥組合，製成瓶形供奉。此瓶通常用以盛載甘露，即用上師甘露丸溶化於酒中而成。用酒不用水，是為了保持不壞。

（16）手鼓

西藏密宗的手鼓，通常用兩片天靈蓋骨製成，雙面，每面蒙以人皮。窄腰，腰間繫以綵帶。鼓皮塗以綠色。於鼓腰又繫兩個小骨錘，手持鼓腰搖動，小錘即擊鼓面發聲。

凡搖鼓，乃用以讚頌諸佛菩薩的功德，唯必須配合金剛鈴、金剛杵使用。

所用的人骨人皮，皆喇嘛死前發願供獻，因此並不是每一面鼓都可適用，用前必須修法祈禱，且憑夢境顯示，自己是否與此鼓相應，否則不利。

（17）骨喇叭

用人脛骨造成的吹響樂器，用處女脛骨者尤為殊勝。

此法器通常僅用於驅魔的法會。所吹出的樂音，有如咒音，能驅散一切邪魔。

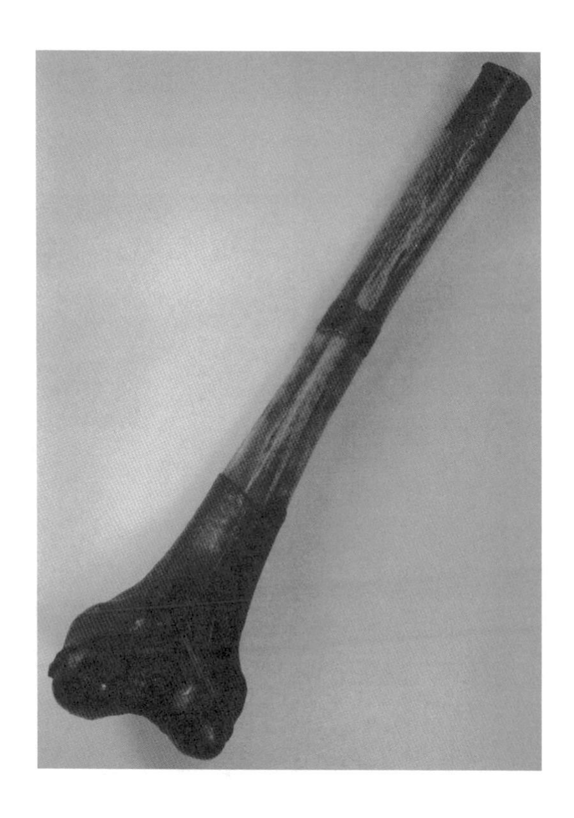

（18）顱器

器身主要部份，由人顱蓋骨造成，鑲銀或鑲金。其上有蓋，其下有座，座三角形，鑄有三個骷髏，滿綴代表火焰的花紋。

凡密宗法器用人骨製，皆取「無常」之義，故此為主要的供器，修法時用以盛載甘露。座下三骷髏代表三界 —— 欲界、色界、無色界，三界眾生皆不能脫輪迴苦，故有如居於火宅，用此即警惕以「無常」之義。

（19）寶瓶

寶瓶上蓋有孔，用以插孔雀毛。瓶身飾以綵衣，稱為「寶瓶衣」。

寶瓶分有嘴及無嘴兩種。有嘴者可以斟水，無嘴者則通常為「灌頂」儀式所用。

（20）奔巴瓶

奔巴瓶的形式特殊，瓶蓋成寶蓋形，中置一骨製鑲銀的尖柱，插以孔雀毛。上師灑淨時，結手印持瓶，一手拔出尖柱向四周灑水，為密宗常用的法器。

它跟寶瓶的分別，即在於瓶蓋不同。

奔巴瓶身通常亦繫以綵衣。

（21）曼達盤

曼達為「壇城」的意思。曼達盤即以世間一切珍寶，包括日月四大洲，結成壇城，用以供養諸佛。

精緻的曼達盤，則將各供品形象化，鑄成器物，置於盤上；但亦用寶石作為代替。

（22）佛龕

通常製成小盒型，用以佩戴於頸上。龕中供設佛像。密宗行人於出門時佩戴，一者祈求本尊加持，二者於修法時可取出供奉，代替家中的密壇。

附錄五：坐姿及手印簡介

初學密宗的人，面對一幅佛像，常會對其坐姿及手印發生興趣，很想了解其涵義，下文即對此作一簡明介紹。

（1）跏趺座

即雙腿盤座，為最標準的入定坐姿。

當雙腿交盤時，如果是左腿壓着右腿，即名金剛座；反之，如果是右腿壓着左腿，則別名為吉祥座。然二者皆為跏趺座。

一般佛像、佛菩薩皆用此種坐姿。

如果僅一腿盤上另一腿之膝，不能兩腿交盤，則為「單跏趺」，並不是標準的坐姿。

（2）菩薩座

一足單盤於蓮座上，另一足垂置地下（有時地下亦置一小蓮座），是名菩薩座。通常為左足盤，右足垂。

密宗一些度母（女菩薩）即用此種坐姿，如綠度母。

（3）國王座

此座法為右足豎起，左足盤置於蓮花座上。用此坐姿時，右手必結印垂置於右膝之上。此為印度國王見大臣時的坐姿，故名。

西藏密宗的佛像佛畫，有些上師或大德即用此種坐姿。如發揚密宗的藏王赤松德真，其像即用此座。

（4）立座

此為立姿，通常作丁字立。一般「空行母」均用立座。

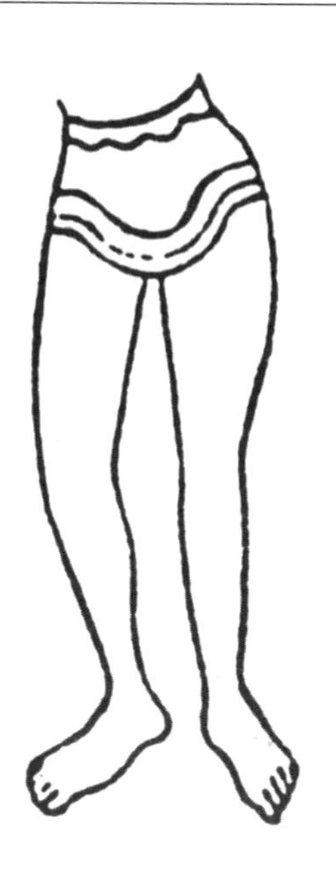

（5）展足立座

此種立座姿勢，為右足直伸，左足彎曲於座上。通常右足踏天魔等，彎曲表示用力。

密宗的「忿怒尊」及空行母，常用此種立座。

（6）護身印

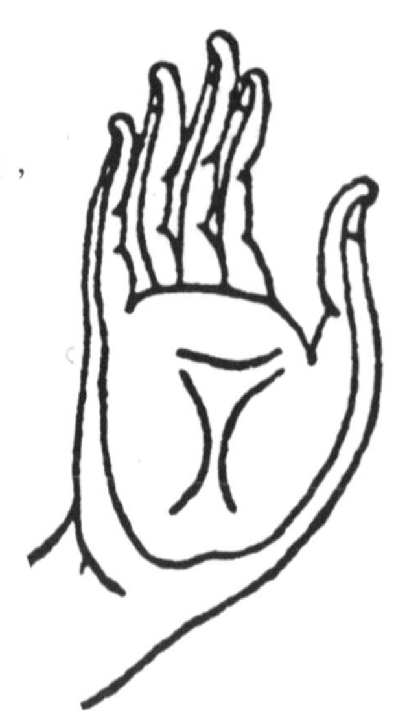

手臂豎起，手掌向外，與肩齊平，五指散開向上。結此印必用右手。

（7）觸地印

結觸地印亦必用右手。右臂自然垂下，置於膝蓋，五指散開向下，指尖觸地，或觸蓮座。釋迦成道時，結此印請大地作證，故成為釋迦特有的手印。

（8）轉法輪印

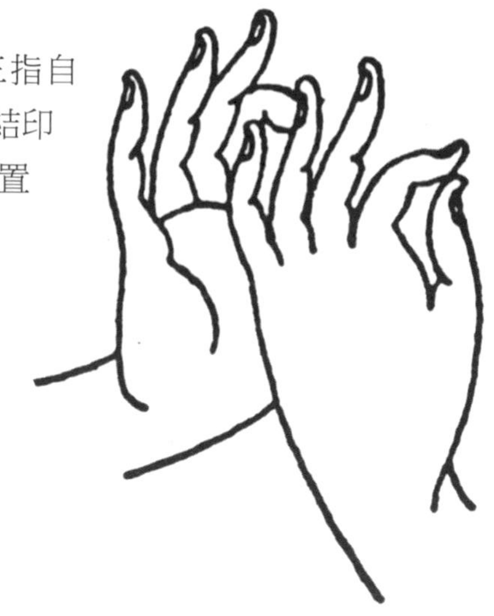

拇指與食指相觸，餘三指自然散開。左右二手皆如此。結印時，左掌向內，右掌向外，置於胸前。

通常此為大日如來（毘盧遮那佛）的表義手印。

（9）法界定印

通常用於入定，故稱為「定印」，又名三摩地印。

兩掌平伸，右掌疊於左掌上，兩拇指輕微相觸，不用力。雙掌皆置於盤起的腿上。

在圖像中，通常又加一缽盂於印上，故又名「托缽印」。

此印為阿彌陀佛的特有手印。

（10）説法印

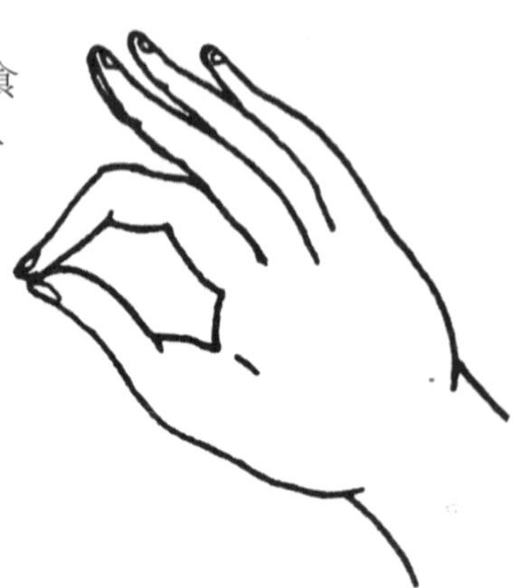

結此印亦用右手。拇指與食指相觸，餘三指直伸。此印置於心間，為文殊師利菩薩的特有手印。

（11）蓮花合掌印

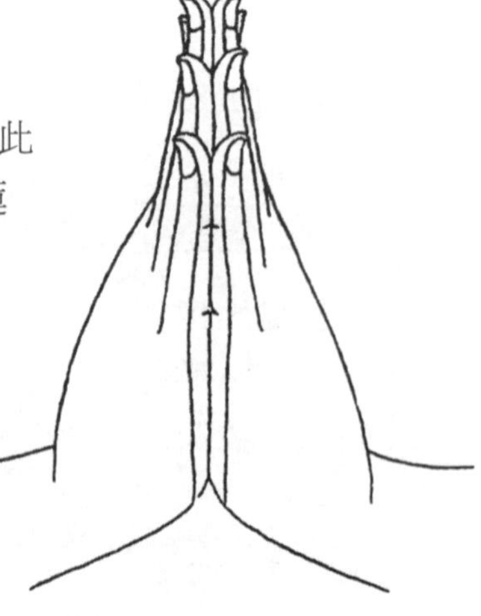

兩掌緊合，置於胸前，豎起。此為多臂觀音法相的特式，觀音以蓮花為標誌，故稱為蓮花合掌。

（12）降魔印

握拳，豎起食指。此為一般忿怒尊的標誌。結此印，不持法器。

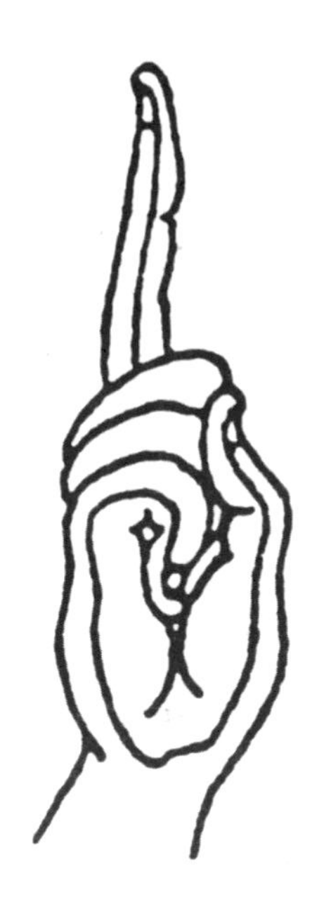

（13）持法器降魔印

握拳，豎起食指及小指，所持法器，即挾於中指及無明指之下。亦為忿怒尊的標誌。

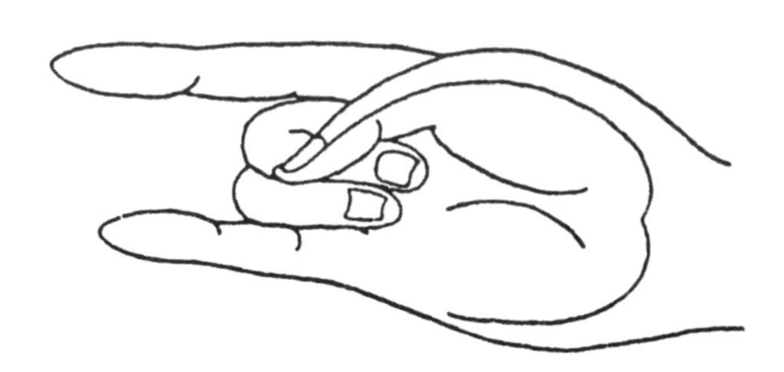

（14）金剛鈴杵印

雙手結「持法器降魔印」，持鈴杵置於胸際。此印凡持鈴杵時必用。

（15）布施印

手掌向外，手臂置於膝蓋，自然下垂，五指微曲散開。

許多菩薩的圖像皆用此印，如觀音菩薩、白度母等。

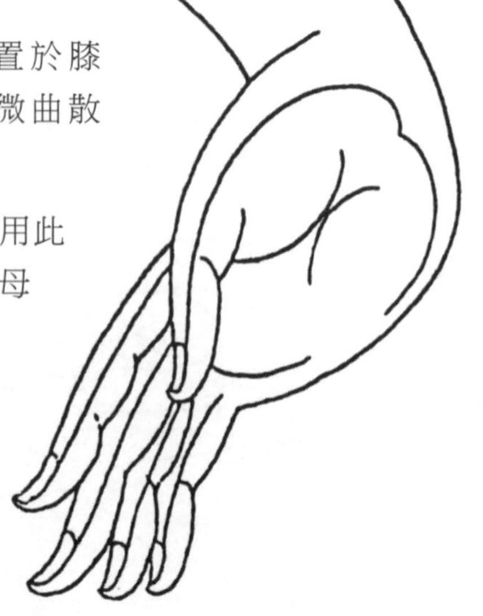

（16）辯法印

此印即「轉法輪印」的右手印姿，拇指與食指相觸，餘指自然微曲散開，置於胸前。

此印的表徵，為辯論法義。亦有人稱之為「菩薩說法印」，因在圖像中，菩薩多用此種手印。

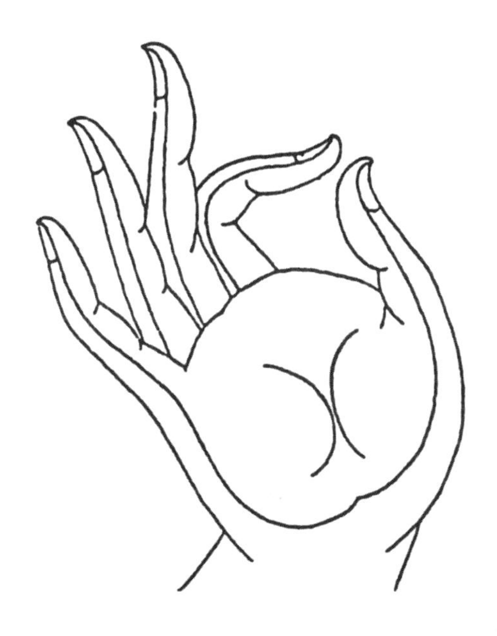

附錄六：密宗常用名相簡釋

灌頂

灌頂為密宗的傳法儀式。其起源來自印度，印度國王於傳位給王子時，必行灌頂儀式，以示授予權力。密宗上師為弟子灌頂，即授於修習密法權力之意。

凡修密法，必須先經灌頂，然後修法始得相應，否則即為盜法。

密宗分四部，四部各有不同的灌頂儀式。

（一）事密

甘露灌頂：即身灌頂，受灌頂後可觀想本尊的法相。

寶冠灌頂：即語灌頂，受灌頂後可持本尊的咒語。

金剛杵灌頂：即意灌頂，受灌頂後可修本尊密意心法。

（二）行密

除上述灌頂外，復有——

金剛鈴灌頂：鈴代表智慧，又代表母續，受灌頂後可得智慧。

名詞灌頂：灌頂後通常即由上師賜予法號，代表已進入法界。

（三）瑜伽密

除上述灌頂外，復有

阿闍梨灌頂：受此灌頂後，得成阿闍梨，即金剛上師。

（四）無上瑜伽密

西藏密宗少修上述三部密，專修無上瑜伽密，故不用上述種種灌頂，唯用下述四者。

（1）瓶灌：以寶瓶灌頂，得灌後即獲「童瓶身寶」，可修「生起次第」法。

（2）密灌：受灌後可修氣、脈、明點。

（3）智灌：受灌後可進一步修氣脈明點，此與密灌皆修「圓滿次第」法。

（4）名灌：受灌後，即於心中種下「種子字」，能清淨第八識，可修「大圓滿」法。

此外尚有特別舉行的金剛阿闍梨灌頂。

九乘佛法

世間乘分二：一為外道乘；一為人天乘。

出世間乘分二：一為共乘，一為不共乘。

共乘分三：聲聞乘、緣覺乘、菩薩乘。

不共乘分六：事密、行密、瑜伽密。此三者稱為「外密」；摩訶瑜伽密、阿努瑜伽密、阿底瑜伽密。此三者稱為「內密」。

出世間共九乘，是為九乘佛法。上列各乘，排列於後者，勝於前者，故以阿底瑜伽密最為殊勝。

教派

西藏密宗有四大派 ——

甯瑪派，即舊派，因此派創立最早。其開祖為蓮花生大士。俗稱紅教。

噶舉派，俗稱白教。

薩迦派，俗稱花教。

格魯派，即新派，乃宗喀巴大士革新密宗後所創。西藏政治由此派管理，故集政教於一身。俗稱黃教。

活佛

密宗修行人已得到相當證量，本已可不墮輪廻，但為悲憫眾生故，發願再作人身，予眾生以救度，如是其第二生即名為活佛。按藏文義，活佛實「再來人」之義而已。漢土譯名，以佛稱之，無非只是表示崇敬。活佛亦必須修持，並非一生下來就是佛。

喇嘛

為西藏人對修行人的尊稱，所以喇嘛不等於金剛上師，無傳法的權力。

喇嘛亦不一定出家，而在家喇嘛則可以結婚生子。紅花兩派喇嘛即多在家修行。

阿闍梨

意為「軌範師」，可以傳授弟子以密宗儀軌，及能宣揚密法，一般稱之為金剛上師。

甯波車

藏文之義為「寶」，用以尊稱法王及具大成就的金剛上師。依藏密傳統，凡受過「大圓滿心中心」法的人，都可稱為甯波車，然而受過此法要的人，其實並不多。目前已有喇嘛僭稱甯波車的現象。

三密

三密指身、口、意三者，能與本尊相應。修密法時，身結定印，是身密；口誦真言，是口密；觀想咒輪及自成本尊，是意密。修密法可得「三密加持」，即是此意。

三根本

即根本上師、根本本尊、根本空行。

上師

受法於金剛上師，此上師即是自己的「上師」。最親近的上師，能傳予法要者，即「根本上師」。

本尊

通常修習密宗的人，都有一位根本本尊，即專修這位佛或菩薩的法門。

每一儀軌法本，都有一位佛或菩薩作為主名，是即為該法的本尊。

空行

屬女性。但空行母亦可為尚生存於世上的人，密乘修行人修「慧灌」的法時，即與空行母合修。因女性代表智慧，故又稱「智慧空行母」。

護法

為佛或菩薩的化身示現，又或為發願保護佛法及修行人的天人。

如「四面佛」，其實即是「大梵天王」，他受佛法後，發願護持佛法，所以小乘寺廟便將之供養於佛寺外的十字街頭。

通常一位本尊皆有其特定的護法，故根本本尊的護法，亦謂「根本護法」。

壇城

以一本尊為中心，四圍圍繞着該本尊的眷屬、弟子及其空行、護法，便是一個壇城。故又有人譯為「中圍」。

以上僅為輒要簡介，餘詳拙作《密宗名相》。

談錫永作品5

西藏密宗百問（修訂版）

作　　者　談錫永
美術編輯　李　琨
封面設計　張育甄
出　　版　全佛文化事業有限公司
訂購專線：(02)2913-2199
傳真專線：(02)2913-3693
發行專線：(02)2219-0898
匯款帳號：3199717004240 合作金庫銀行大坪林分行
戶　　名：全佛文化事業有限公司
E-mail：buddhall@ms7.hinet.net
http://www.buddhall.com
門　　市　新北市新店區民權路108-3號10樓
門市專線：(02)2219-8189
行銷代理　紅螞蟻圖書有限公司
台北市內湖區舊宗路二段121巷19號（紅螞蟻資訊大樓）
電話：(02)2795-3656
傳真：(02)2795-4100

二版一刷　2013年04月
二版二刷　2019年05月
定　　價　新台幣210元
I S B N　978-986-6936-79-1（平裝）

國家圖書館出版品預行編目資料

西藏密宗百問 / 談錫永作 -- 修訂一版.--
新北市：全佛文化, 2013.04
面；　公分. －(談錫永作品；5)

ISBN 978-986-6936-79-1(平裝)

1.密宗
226.91　　102006017

Buddhall

Published by BuddhAll Cultural Enterprise Co.,Ltd.

BuddhAll

All is Buddha.

BuddhAll.

BuddhAll